गीतगोविन्द

जयदेव कृत
गीत गोविंद

अनुवाद एवं टीकाकार

डॉ. रामचंद्र वर्मा शास्त्री

ज्ञान गंगा, दिल्ली

प्रकाशक : ज्ञान गंगा, 2/42, अंसारी रोड, दरियागंज, नई दिल्ली–110002
सर्वाधिकार : सुरक्षित / संस्करण : 2026 / मूल्य : चार सौ रुपए
मुद्रक : नरुला प्रिंटर्स, दिल्ली ISBN 978-93-82901-70-9

GEET GOVIND

by Shri Jaidev ₹ 400.00

Published by **GYAN GANGA**
2/42, Ansari Road, Daryaganj, New Delhi-110002

गीतगोविन्द : सामान्य परिचय

भगवती सरस्वती के वर से प्रसूत एवं संस्कृत गीतिकाव्य के अनूठे रत्न कविप्रवर जयदेव का जन्म बंगाल के किन्दुबिल्व नामक ग्राम में हुआ। उनके पिता का नाम भोजदेव और माता का नाम राधादेवी था। उनका विवाह पद्मावती नाम की सुन्दर, सुशील एवं गुणवती कन्या से हुआ था, जो उनके गीतों की ताल पर नृत्य करती थी। वे बंगाल के राजा लक्ष्मणसेन की राजसभा के प्रमुख रत्न थे। उपलब्ध एक शिलालेख में राजा लक्ष्मणसेन का समय 1116 ईसवी सन् उत्कीर्ण है। इससे जयदेव का स्थितिकाल ग्यारहवीं शताब्दी के आस-पास ठहरता है। 'गीतगोविन्द' काव्य के एक उद्धरण (प्रथम सर्ग चतुर्थ पद्य)—

> **शृङ्गारोत्तर सत्प्रमेय रचनैराचार्य गोवर्द्धन-**
> **स्पर्धी कोऽपि न विश्रुतः ... ।**

के अनुसार जयदेव 'आर्या सप्तशती' के रचयिता लब्धप्रतिष्ठ कवि गोवर्धनाचार्य के समकालीन थे।

'गीतगोविन्द' काव्य का रचना-कौशल इस प्रकार सर्वथा नवीन एवं नितान्त मौलिक है कि उसके काव्य-रूप का निर्णय करना ही दुष्कर बन गया है। कुछ पाश्चात्य विद्वान् इसे 'ग्राम्य रूपक' (Pastoral Drama) कहते हैं, तो अन्य समीक्षक इसे 'गीतिनाटक' (Lyric Drama) कहते हैं, तो कुछ अन्यों के मत में यह काव्य 'परिष्कृत यात्रा' (Refined Yatra) है। पिशेल (Pichel) इस काव्य को 'संगीत रूपक' (Melo Drama) स्वीकार करते हैं। लेवि (Levi) इसे गीत और रूपक का मध्यवर्ती अथवा समन्वित रूप (In Between Song and Drama) मानते हैं, परन्तु जयदेव ने अपनी इस कृति का सर्गों में विभाजन करके इसे नाटक के स्थान पर काव्य मानने की अपनी धारणा की ओर ही संकेत किया है।

यहां यह उल्लेखनीय है कि इस काव्य में नाटक की भांति अंक, प्रस्तावना आदि कुछ भी नहीं है। कुछ विद्वान् इसे 'शृंगार महाकाव्य' की संज्ञा भी देते हैं। कृष्णास्वामी अयंगार ने अपने ग्रन्थ 'A History of Indian Opera' में

'गीतगोविन्द' काव्य को संगीतनाटक (Opera) का एक पूर्वरूप माना है और उसका विकास एवं उत्कृष्ट परिपाक सोलहवीं शताब्दी के श्री तीर्थनारायण स्वामी की रचना 'कृष्णलीला तरंगिणी' में स्वीकार किया है। इस सम्बन्ध में आचार्य बलदेव उपाध्याय का अनुमान पर आधृत कथन है कि 'गीतगोविन्द' के पदों के साथ (संगीत और नृत्य सम्बन्धी) रागों और तालों के दिये गये नामों से इस तथ्य का अनुमान होता है कि कवि की दृष्टि कदाचित् उन दिनों बंगाल में प्रचलित यात्रा महोत्सवों की ओर रही हो, जिनमें नृत्य और संगीत के साथ गीतों का उपयोग किया जाता था। इस आधार पर इस काव्य को 'संगीतरूपक' भी माना जा सकता है।

'गीतगोविन्द' काव्य में बारह सर्ग हैं, जिनका चौबीस प्रबन्धों (खण्डों) में विभाजन हुआ है। इन प्रबन्धों का उपविभाजन पदों अथवा गीतों में हुआ है। प्रत्येक पद अथवा गीत में आठ पद्य हैं। गीतों के वक्ता कृष्ण, राधा अथवा राधा की सखी हैं। अत्यन्त नैराश्य और निरवधि-वियोग को छोड़कर भारतीय प्रेम के शेष सभी रूपों—अभिलाषा, ईर्ष्या, प्रत्याशा, निराशा, कोप, मान, पुनर्मिलन तथा हर्षोल्लास आदि—का बड़ी तन्मयता और कुशलता के साथ वर्णन किया गया है। प्रेम के इन सभी रूपों का वर्णन अत्यन्त रोचक, सरस और सजीव होने के अतिरिक्त इतना सुन्दर है कि ऐसा प्रतीत होता है, मानो कवि शास्त्र, अर्थात् चिन्तन (कामशास्त्र) को भावना का रूप अथवा अमूर्त को मूर्त रूप देकर उसे कविता में परिणत कर रहा है।

मानवीय सौन्दर्य के चित्रण में प्रकृति को बड़ा ही महत्त्वपूर्ण स्थान प्राप्त है। इस सन्दर्भ में 'गीतगोविन्द' काव्य में ऋतुराज वसन्त, चन्द्र- ज्योत्स्ना, सुरभित समीर तथा यमुनातट के मोहक कुञ्जों का बड़ा ही सुन्दर वर्णन देखने को मिलता है। यहां तक कि इस काव्य में पक्षी तक प्रेम की शक्ति और महिमा का गान करते हुए दृष्टिगोचर होते हैं।

जयदेव ने इस काव्य में वैदर्भी रीति—माधुर्य व्यञ्जक वर्णों वाली शैली—का प्रयोग किया है। काव्य में कहीं-कहीं दीर्घ समासों का प्रयोग अवश्य हुआ है, परन्तु फिर भी कहीं दुर्बोधता अथवा क्लिष्टता नहीं आने पायी। वस्तुतः कवि ने विशेष-विशेष उत्सवों पर सर्वसाधारण के गाने के लिए ही तो गीतों की रचना की थी। अतः उन्हें सुबोध रखना आवश्यक ही था। गीतों में न केवल असाधारण स्वाभाविकता (अकृत्रिमता) है, अपितु उनमें अनुपम माधुर्य भी है। 'गीतगोविन्द' की रचना-शैली की प्रशंसा में मैकडॉनल का कथन है—"सौन्दर्य में, संगीतमय वचनोपन्यास में और रचना के सौष्ठव में सम्पूर्ण संस्कृत साहित्य में 'गीतगोविन्द'

काव्य की शैली की उपमा नहीं मिलती। काव्य के अध्ययन से स्पष्ट हो जाता है कि कवि में कहीं लघु पदों की वेगवती धारा द्वारा, तो कहीं चातुर्य के साथ रचित दीर्व समासों की लयपूर्ण गति द्वारा अपने पाठकों-श्रोताओं पर यथेष्ट प्रभाव डालने की अद्भुत क्षमता है। कवि नाना छन्दों के प्रयोग में ही सिद्धहस्त नहीं, अपितु चरणों के मध्य और अन्त में तुकात्मकता लाने में भी अद्वितीय है।"

'गीतगोविन्द' काव्य में जयदेव ने परम्परागत रचना-प्रणाली का अनुसरण न करके सर्वथा नवीन और मौलिक शैली को अपनाया है। श्लोक, गद्य और गीत के मिले-जुले प्रयोग द्वारा काव्य में अनुपम रचना-माधुर्य की सृष्टि हुई है। कवि ने कथा-सूत्र के निर्वाह के लिए अपेक्षित दृश्ययोजना अथवा अवस्था विशेष के चित्रण जैसे वर्णनात्मक प्रसंगों में श्लोकों का प्रयोग किया है। पात्रों की मनोदशा को सूचित करने वाले संवादात्मक प्रसंगों में गद्य का प्रयोग हुआ है तथा भावानुभूति की अभिव्यञ्जना पद्यों में की गयी है। इस प्रकार 'गीतगोविन्द' में अपनायी गयी अभिनव रचना-प्रणाली में वर्णन, संवाद और गीत परस्पर इस प्रकार गुंथ गये हैं कि उनसे एक विलक्षण आनन्द की अनुभूति होती है। इस अनुपम रचना-शैली के आविष्कर्ता जयदेव, अपने उपमान आप ही हैं।

राधा-कृष्ण की केलि-कथाओं तथा उनकी अभिसार-लीलाओं का रसमय चित्रण 'गीतगोविन्द' को आध्यात्मिक शृंगार का मनोरम ग्रन्थ बना देता है। राधा-कृष्ण के प्रणय के चित्रण में प्रेम की विविध दशाओं—आशा, निराशा, उत्कण्ठा, ईर्ष्या, कोप, मान, आक्रोश, मिलनोत्सुकता, सन्देश-प्रेषण तथा मिलन आदि—का जैसा अभिभूत करने वाला हृदयग्राही चित्रण इस काव्य में हुआ है, वैसा अन्यत्र ढूंढ़ने पर भी कहीं नहीं मिलता।

श्रीकृष्ण के गोपियों के साथ रास-विलास को राधा न पसन्द करती है और न ही सहन कर पाती है। राधा अपनी सखी के माध्यम से श्रीकृष्ण के प्रति अपना आक्रोशमूलक उपालम्भ भेजती है, परन्तु उस अनन्य प्रणयिनी को इतने से सन्तोष नहीं होता, उसका प्रेम-निर्भर हृदय उसे अपने प्रियतम के प्रति अपने प्रगाढ़ अनुराग को व्यक्तिगत रूप से प्रकट करने को विवश कर देता है। राधा के आने पर श्रीकृष्ण ब्रज-सुन्दरियों का संग छोड़कर उसकी ओर उन्मुख होते हैं। राधा की सखी श्रीकृष्ण से राधा की और राधा से श्रीकृष्ण की एक-दूसरे में गहन अनुरक्ति का तथा एक-दूसरे से दूर रहने पर अनुभव की जा रही विरहजन्य वेदना का मार्मिक वर्णन करती है। वह अपने कोमल एवं कमनीय वचनों द्वारा दोनों को एक-दूसरे से मिलन के लिए प्रेरित करती है।

चन्द्रोदय होने पर प्रणय-व्यथा से अधीर बनी राधा अपने उद्दीप्त अनुराग

पर नियन्त्रण नहीं रख पाती और उसकी अभिव्यक्ति को विवश हो जाती है। श्रीकृष्ण के आने पर अति मान करती हुई राधा उपालम्भ से भरे वचनों के द्वारा उनके प्रति अपना रोष-आक्रोश प्रकट करती है। इधर राधा की सखी राधा से मान को छोड़ने का अनुरोध करती है और उधर स्वयं श्रीकृष्ण राधा के रूप-सौन्दर्य की प्रशंसा के व्याज से उसकी चाटुकारिता करते हुए उसे मनाने एवं अपने अनुकूल बनाने की चेष्टा करते हैं। अन्ततः राधा का मान दूर हो जाता है और वह अपने कान्त से मिलने के लिए कदम्ब-कुञ्ज में जाती है। वहां श्रीकृष्ण राधा से प्रणय-याचना करते हुए उससे लज्जा-संकोच को छोड़ने का अनुरोध तथा रति-भोग में सहयोग देने का मनुहार करते हैं। दोनों प्रसन्न मन से रति-क्रीड़ा में प्रवृत्त होते हैं और इसके उपरान्त राधा प्रणयसिक्त वचनों से अपने प्रियतम श्रीकृष्ण से अपना शृंगार करने को कहती है। अपनी प्राणप्रिया के अनुरोध को गौरव देते हुए श्रीकृष्ण सहर्ष अपने हाथों से राधा का शृंगार करते हैं।

यही इस काव्य का संक्षिप्त कथानक है, जिसे रसपूर्ण, कमनीय एवं मनोरम बनाकर प्रस्तुत करने में कवि को अपूर्व सफलता मिली है। आज के कुछ आलोचक जयदेव पर भक्ति के आलम्बन राधा-कृष्ण को शृंगार का आलम्बन बनाने का दोषारोपण करते हैं, परन्तु माधुर्य भाव के उपासक कवि पर यह लाञ्छन अन्यायपूर्ण ही नहीं, अपितु स्वयं उनके अपने अविवेक का भी द्योतक है। वस्तुतः दाम्पत्य प्रणय में उपलब्ध तन्मयता अथवा तल्लीनता के चरम उत्कर्ष की तथा भेद में अभेद की कल्पना के चूड़ान्त निदर्शन की अभिव्यक्ति ही भक्ति के क्षेत्र में माधुर्य भाव की सृष्टि करती है। मधुर भाव से भजन करने वाले भक्तों के लिए भगवान् की शृंगारिक चेष्टाएं, विलास-लीलाएं तथा प्रेम-गाथाएं ही गेय एवं कीर्तनीय हैं।

यहां यह उल्लेखनीय है कि विद्वानों ने इस सारे काव्य को अप्रस्तुत प्रशंसा* मानकर वाच्यार्थ में छिपे व्यंग्यार्थ को व्यक्त करने का प्रयास स्वीकार किया है। उनके मत के अनुसार श्रीकृष्ण 'जीवों की आत्मा' के प्रतीक हैं। गोपियों की क्रीड़ा अनेक प्रकार का वह प्रपञ्च है, जिसमें अज्ञान-अवस्था में फंसी मनुष्यों की आत्मा भटकती रहती है। राधा ब्रह्मानन्द का प्रतीक है, जिसे प्राप्त करने पर ही जीवात्मा को चरम सुख की प्राप्ति होती है।

कतिपय विद्वानों के अनुसार जयदेव राधा के उपासक न होकर श्रीकृष्ण

***टिप्पणी** : प्रस्तुत के माध्यम से अप्रस्तुत का अथवा अप्रस्तुत के माध्यम से प्रस्तुत का वर्णन अप्रस्तुत प्रशंसा अलंकार कहलाता है।

के ही उपासक थे। अतः श्रीकृष्ण मनुष्यों की आत्मा के प्रतीक न होकर परमात्मा के प्रतीक हैं। इस तथ्य को वाणी देते हुए आचार्य बलदेव उपाध्याय लिखते हैं—"शृंगार-शिरोमणि श्रीकृष्ण भगवत्-तत्त्व के प्रतिनिधि हैं और उनकी प्रेमी गोपिकाएं जीव की प्रतीक हैं। राधा-कृष्ण का मिलन जीव-ब्रह्म का मिलन है। इस प्रकार साधना मार्ग के अनेक तथ्यों के रहस्य को यहां सुलझाया गया है।"

हमारे मत से इस काव्य में श्रीकृष्ण जीव का और गोपियां सांसारिक प्रपञ्च का तथा राधा ब्रह्म का प्रतीक बनकर आये हैं। श्रीकृष्ण अनेक गोपियों के साथ रास-विहार करते हैं, परन्तु उन्हें सच्ची तृप्ति एवं पूर्ण सन्तुष्टि नहीं मिलती। राधा का संयोग पाकर ही वे कृतकृत्य हो पाते हैं। इस प्रकार इस काव्य में राधा को ही अधिक महत्त्व दिया गया है। वही इस काव्य का प्रधान पात्र है। इस तथ्य की पुष्टि काव्य में आये वर्णनों से हो जाती है।

श्रीकृष्ण का गोपियों के साथ क्रीड़ा करना परमात्मा का अगणित जीवात्माओं में रमण करना है, जिसकी अन्तिम परिणति राधा-प्रेम, अर्थात् समर्पित जीवात्मा का परमात्मा में समावेश एवं अभेद का होना है। इस तथ्य को तथा मधुरा भक्ति और शृंगार के मध्य के अन्तर को न समझने के कारण ही कवि पर आराध्य राधा-कृष्ण को साधारण नायिका-नायक बनाने का आरोप लगाया जाता है। तत्त्ववेत्ता तथा भावुक भक्त तो इस मधुर रस में आकण्ठ निमग्न हो जाते हैं। इस पर कविवर बिहारी का यह कथन स्मरण हो आता है—

"अनबूड़े बूड़े तिरे जे बूड़े सब अंग।"

जहां तक राधा-कृष्ण के प्रति कवि के दृष्टिकोण का सम्बन्ध है, इस विषय में गोस्वामी तुलसीदास की इस उक्ति को उद्धृत करना समुचित होगा—

"जाकी रही भावना जैसी, प्रभु मूरति देखी तिन तैसी।"

'गीतगोविन्द' वस्तुतः एक अनुपम एवं अद्भुत ग्रन्थ है, जिसके उद्दाम शृंगार-प्रवाह के अन्तस्तल में रहस्यमयी माधुर्य भावना की निगूढ़ धारा बह रही है। समग्र संस्कृत साहित्य में इस कोटि की मधुर रचना दूसरी कोई नहीं। संस्कृत भारती के सौन्दर्य और माधुर्य की पराकाष्ठा का अवलोकन करना हो, तो 'गीतगोविन्द' का अनुशीलन करना चाहिए। इसके शब्दचित्रों से सौन्दर्य मानो छलकता है। इसके गीतों का पद-लालित्य अलौकिक माधुर्य का सञ्चार करता है। इसके छन्दों का नाद-सौन्दर्य अपूर्व आनन्द प्रदान करता है। शब्द और अर्थ का सामञ्जस्य ऐसा मनोमुग्धकारी है कि संस्कृत से अपरिचित व्यक्ति भी उससे

प्रभावित हुए बिना नहीं रह सकता। इसकी-सी कोमलकान्त पदावली संसार की किसी भी भाषा के काव्य में दुर्लभ है। इस काव्य में प्रयुक्त दीर्घ समासों में भी विलक्षण प्रासादिकता एवं स्वर-माधुर्य है। अनुप्रास के प्रयोग में तो कवि अद्वितीय है। उनके गीतों में अनुप्रास का प्रयोग पदों के अन्त में ही नहीं, मध्य में भी अपनी छटा बिखेरता हुआ चलता है। ललित छन्दों और कोमलकान्त पदावली का ऐसा मणि-काञ्चन संयोग हुआ है कि गीतों के उच्चारण मात्र से सहृदयों के हृदय में तदनुरूप रस का आविर्भाव एवं सञ्चार होने लगता है। श्रृंगार की व्यञ्जना के लिए यह अनूठी शैली बड़ी ही सार्थक सिद्ध हुई है।

'गीतगोविन्द' को बड़ी ही प्रसिद्धि और लोकप्रियता मिली। जयदेव ने जिस ग्राम में रहते हुए 'गीतगोविन्द' की रचना की, उस गांव का नाम ही जयदेवपुर पड़ गया। कवि के समकालीन उड़ीसा के शासक राजा प्रताप रुद्रदेव ने अपने राज्य के गायकों, संगीतज्ञों और नर्तकों के लिए 'गीतगोविन्द' के पदों को गाने का आदेश जारी कर दिया। महाराज ने जयदेव को इस काव्य की रचना के लिए 'कविराजराज' की उपाधि से विभूषित किया।

'गीतगोविन्द' जयदेव के जीवनकाल में ही पर्याप्त रूप से प्रचलित एवं लोकप्रिय हो गया था—इसके अनेक प्रमाण मिलते हैं। दक्षिण में तो वह इतना अधिक प्रचलित हो गया कि इसके पद्यों को तिरुपति बालाजी के मन्दिर की सीढ़ियों पर द्रविड़ लिपि में खुदवाया गया। श्रीवल्लभ सम्प्रदाय में तो श्रीमद्भागवत् पुराण के समान इसकी प्रतिष्ठा है। वैष्णवों में यह विश्वास है कि 'गीतगोविन्द' जहां गाया जाता है, वहां भगवान् का अवश्य ही प्रादुर्भाव होता है। इसी से इस सम्प्रदाय में इसे अयोग्य स्थान पर न गाये जाने का विधान किया गया है, जिसका कठोरता से पालन किया जाता है।

वैष्णव सम्प्रदाय में जयदेव कवि को इस सम्प्रदाय की मध्यावस्था का मुख्य महानुभाव माना गया है। सम्प्रदाय में प्रचलित निम्नोक्त पद्य के अनुसार जिस वैष्णव सम्प्रदाय का प्रवर्तन विष्णु स्वामी ने किया और जिसका संवर्द्धन महाप्रभु वल्लभाचार्य ने किया, उस सम्प्रदाय को इन दोनों महानुभावों के मध्य में भक्त कवि जयदेव ने संरक्षण दिया। इस प्रकार वैष्णव सम्प्रदाय में जयदेव भी गुरु के रूप में वन्दनीय हैं—

"विष्णु स्वामी समारम्भां ज़यदेवादिं-मध्यगाम्।
श्रीमद्वल्लभ-पर्यन्तां स्तुमो गुरु-परम्पराम्।।"

जयदेव ने 'गीतगोविन्द' की रचना करके संस्कृत में एक नवीन रचना-

प्रणाली का आविष्कार किया। 'गीतगोविन्द' के अनुकरण पर संस्कृत में 'अभिनव गीतगोविन्द', 'गीतराघव', 'गीतगंगाधर' तथा 'कृष्णगीत' जैसे अनेक गीतिकाव्यों की रचना हुई, परन्तु कोई भी कवि अपने काव्य में 'गीतगोविन्द' जैसी उत्कृष्टता लाने में सफल नहीं हुआ। इधर हिन्दी में भारतेन्दु हरिश्चन्द्र ने ब्रजभाषा में इसके अनुवाद का प्रयास किया, परन्तु 'सच्ची कविता' का अनुवाद तो हो ही नहीं सकता--यह उक्ति 'गीतगोविन्द' के सम्बन्ध में अक्षरशः सत्य सिद्ध हुई है। अनुवाद में मूल रचना के रस-भाव की अवतारणा असम्भव नहीं, तो कठिन अवश्य है। सर विलियम जोन्स द्वारा आंग्ल भाषा में किये गये 'गीतगोविन्द' काव्य के अनुवाद पर जर्मन कवि गेटे की टिप्पणी बड़ी ही सटीक है। "A Real Poetry is that, which cannot be translated." अर्थात् उत्कृष्ट कविता की पहचान का आधार (कसौटी) ही यही है कि उसका दूसरी भाषा में अनुवाद नहीं हो सकता।

'गीतगोविन्द' के मर्म को समझने तथा सहृदयों तक उसके सौन्दर्य को सम्प्रेष्य बनाने के लिए पैंतीस विद्वानों के प्रयास (टीकाएं) उपलब्ध हैं, परन्तु यह काव्य तो वह अगाध सागर है कि इसमें जो जितनी गहरी डुबकी लगाता है, उसके हाथ में उतने ही दुर्लभ एवं बहुमूल्य रत्न आ जाते हैं। कतिपय कवियों द्वारा इस काव्य के अनुकरण पर काव्य-रचना करना जयदेव की कीर्ति-कौमुदी की उज्ज्वलता तथा उत्कृष्टता की स्वीकृति का ही परिचायक है।

भक्ति, श्रृंगार और कवित्व की त्रिवेणीरूप 'गीतगोविन्द' काव्य का कृष्ण-भक्ति साहित्य में एक अन्य दृष्टि से भी उल्लेखनीय महत्त्व है। यह सर्वजन विदित तथ्य है कि इस काव्य से पूर्व श्रीकृष्ण की प्रेयसी अथवा पत्नी के रूप में रुक्मिणी तथा सत्यभामा आदि का नाम ही लिया जाता था। राधा नाम की किसी स्त्री का कोई अस्तित्व ही नहीं था। श्रीमद्भागवत् पुराण में 'अनयाराधितो नूनम्' श्रीकृष्ण की आराधना करने वाली किसी एक गोपी का उल्लेख अवश्य हुआ है, परन्तु कृष्ण-काव्य में कृष्ण के साथ जुड़ने वाली तथा कृष्ण के ही समकक्ष (कहीं-कहीं तो उनसे भी अधिक) महत्त्व प्राप्त करने वाली श्रीकृष्ण की प्रेमिका-पत्नी राधा का उल्लेख कहीं नहीं हुआ। राधा को इस उच्च स्थान--श्रीकृष्ण की अनन्य सहचरी एवं उनसे अभिन्न तथा उनकी नित्यशक्तिरूपा--पर प्रतिष्ठित करने का श्रेय 'गीतगोविन्दकार' जयदेव को ही प्राप्त है। इस ग्रन्थ में चित्रित राधा-कृष्ण के नित्य-विलास के आधार पर ही ब्रह्मवैवर्त पुराण में राधा-कृष्ण की श्रृंगार-चेष्टाओं तथा काम-क्रीड़ाओं का वर्णन हुआ है, परन्तु यह एक कठोर सत्य है कि पुराणकार न तो 'गीतगोविन्द' काव्य के वर्णन जैसी मर्यादा और शालीनता का निर्वाह कर सका है और न ही वर्णन

को वैसा सरस, रोचक एवं हृदयग्राह्य बना सका है। इस क्षेत्र में भी जयदेव अपने उपमान आप ही हैं। इस आधार पर ही कदाचित् कृष्ण-भक्ति साहित्य में 'गीतगोविन्द' काव्य को धर्मग्रन्थ का गौरव प्राप्त है।

देश-बिदेश के अनेक मूर्द्धन्य एवं लब्धप्रतिष्ठ स्रष्टा कलाकारों तथा विद्वान् समीक्षकों द्वारा मुक्तकण्ठ से प्रशंसित होने के अतिरिक्त धर्म और दर्शन के क्षेत्र में भी सुप्रतिष्ठित इस ग्रन्थ—'गीतगोविन्द' काव्य—को हिन्दी में अनुवाद करा कर संस्कृत न जानने वाले हिन्दीभाषियों को सुलभ कराने का विनम्र प्रयास किया है।

—रामचन्द्र वर्मा शास्त्री

प्रथम सर्ग

[सामोद-दामोदर नामक सर्ग]

मंगलाचरण

भारतीय साहित्य में ग्रन्थ की निर्विघ्न समाप्ति की कामना से ग्रन्थकार द्वारा अपने ग्रन्थ के प्रारम्भ में अपने इष्टदेव के स्मरण-वन्दन की एक अक्षुण्ण परम्परा रही है। 'गीतगोविन्द' काव्य के रचयिता जयदेव ने भी इस परम्परा को गौरव दिया है।

भारतीय भक्ति-दर्शन में भक्ति के पांच रूप-भेद माने गये हैं—शान्त, दास्य, सख्य, वात्सल्य और माधुर्य। इन पांचों में शान्त से दास्य को, दास्य से सख्य को, सख्य से वात्सल्य को और वात्सल्य से माधुर्य को उत्तरोत्तर उत्कृष्ट माना गया है। इस प्रकार माधुर्य को भक्ति का सर्वोत्कृष्ट रूप मानते हुए भक्ति की चरम परिणति इसी रूप-भेद में स्वीकार की गयी है।

माधुर्य भाव अथवा मधुरा भक्ति को दाम्पत्य भाव की भक्ति का नाम भी दिया गया है। इसमें भक्त अपने को स्त्रीरूप में और अपने आराध्य भगवान् को पुरुषरूप में प्रस्तुत करके उसके साथ संयोग, वियोग से सम्बन्धित नाना लीलाओं की कल्पना द्वारा दाम्पत्य जीवन की योजना करता है।

कविवर जयदेव मधुरा भाव की भक्ति के परमाचार्य हैं। यही कारण है कि उनका मंगलाचरण (ग्रन्थ के प्रारम्भ में किये गये इष्टस्तवन को मंगलाचरण नाम दिया गया है) राधा-कृष्ण की विलास-लीला से ही सम्बन्धित है।
यहां यह उल्लेखनीय है कि मधुरा अथवा दाम्पत्य भाव की भक्ति और शृंगार की विभाजक रेखा अत्यन्त स्पष्ट होते हुए भी बड़ी सूक्ष्म है। शृंगार के नायक-नायिका जहां लौकिक नायक-नायिका (प्रेमी-प्रेमिका अथवा पति-पत्नी) होते हैं, वहां मधुरा भक्ति के नायक-नायिका भगवान् तथा भक्त अथवा परमात्मा तथा आत्मा होते हैं। रस के शेष अवयव—उद्दीपन, अनुभाव तथा सञ्चारीभाव आदि दोनों—शृंगार और भक्ति—में एकरूप ही लिये रहते हैं।

मेघैर्मेदुरमम्बरं वनभुवः श्यामास्तमालद्रुमै-
र्नक्तं भीरुरयं त्वमेव तदिमं राधे ! गृहं प्रापय।
इत्थं नन्दनिदेशितश्चलितयोः प्रत्यध्वकुञ्जद्रुमम्,
राधामाधवयोर्जयन्ति यमुनाकूले रहः केलयः।। 1 ।।

एक दिन भगवान् कृष्ण एवं उनके सखा तथा भगवती राधा एवं उनकी सखियां किसी सुरम्य उपवन में भ्रमण करते हुए इस प्रकार खो गये कि उन्हें समय का भान ही न रहा। फलतः सायंकाल हो गया और आकाश घने तथा काले-कजरारे बादलों से घिर गया। राधा अपनी सखियों के साथ अपने घर को लौटने लगी, तो नन्द बाबा ने मनुहार करते हुए राधा से अनुरोध के स्वर में कहा—बेटी राधे ! तुम देख ही रही हो कि आकाश में काले मेघ इस प्रकार छा गये हैं कि चारों ओर अन्धकार व्याप्त हो गया है, फिर यह सारा वनप्रदेश तमाल (कृष्ण वर्ण के पत्तों वाले) के वृक्षों से भरा पड़ा है, इससे चारों ओर घना अन्धकार फैला हुआ है। पुत्रि ! तुम यह भी जानती हो कि तुम्हारा साथी श्रीकृष्ण रात्रि में अकेला होने पर भयभीत हो उठता है। अतः तुम इसे छोड़कर मत जाओ, अपितु इसकी सहायिका तथा मार्गदर्शिका बनकर इसे घर पहुंचाने के उपरान्त ही अपने घर को प्रस्थान करो।

नन्द बाबा के अनुरोध को गौरव देती हुई राधा ने श्रीकृष्ण की पथप्रदर्शिका बनकर उन्हें घर पहुंचाना स्वीकार कर लिया। इस व्याज से दोनों—राधा और श्रीकृष्ण—को एकान्त और एक-दूसरे का संग सुलभ हो गया। दोनों यमुनातट के रमणीय उपवनों, लताकुञ्जों और तरुओं की सुषमा का आनन्द लेते हुए एकान्त में ललित क्रीड़ाओं का सुख भोगने लगे।

राधा-कृष्ण की उन ललित लीलाओं की जय हो। वे ललित लीलाएं हमारे सहृदय पाठकों एवं श्रोताओं के मंगल का आधार बनें, अर्थात् उनका कल्याण करने वाली हों। भूमिका में लिखा जा चुका है कि कृष्ण-भक्ति साहित्य में राधा को श्रीकृष्ण की प्रिया एवं पत्नी के रूप में प्रतिष्ठित करने का श्रेय कविप्रवर जयदेव को ही प्राप्त है। इस तथ्य की पुष्टि इसी से होती है कि कवि ने मंगलाचरण में राधा को श्रीकृष्ण की पथप्रदर्शिका के रूप में चित्रित कर उन्हें उन्नत स्थान पर प्रस्थापित किया है।

वाग्देवताचरितचित्रित-चित्तसद्मा,
पद्मावतीचरणचारणचक्रवर्ती।
श्रीवासुदेवरतिकेलिकथा समेत-
मेतं करोति जयदेवकविः प्रबन्धम्।। 2 ।।

अपने को सरस्वती का कृपापात्र और भगवती राधिकाजी का उत्कृष्ट समर्पित सेवक बताता हुआ कवि कहता है—मेरे मन में भगवती वाग्देवी के पवित्र चरित्र ने घर कर रखा है, अर्थात् वाग्देवी की साधना—साहित्य-रचना—के अतिरिक्त मुझे और कुछ अच्छा नहीं लगता और मेरा मन एकमात्र साहित्य-सेवा में ही रमता है। मेरी साहित्य-रचना का उद्देश्य अपनी आराध्या भगवती राधिका देवी की महिमा का गुणगान करना है। इसी से मैं—जयदेव—राधाजी के चरण-सेवियों में अपने को प्रथम मानता हूं तथा भगवती राधाजी की और उनके प्रेमी श्रीकृष्णजी की सरस रास-लीलाओं तथा रसस्निग्ध कथाओं से ओत-प्रोत प्रबन्ध काव्य की रचना में प्रवृत्त होता हूं।

इस पद्य के आधार पर निम्नलिखित तथ्य स्पष्ट होते हैं—

प्रथम, कवि सरस्वती का कृपापात्र है, अर्थात् उसके लिए साहित्य-सर्जन सहज़ एवं अनायास कर्म है।

द्वितीय, कवि के अनुसार उसका काव्य प्रबन्ध काव्य है, अर्थात् उसमें सर्वत्र पूर्वापर प्रसंग की सापेक्ष योजना है। दूसरे शब्दों में प्रत्येक पद स्वतन्त्र और निरपेक्ष न होकर एक-दूसरे से जुड़ा हुआ है।

तृतीय, इस ग्रन्थ की रचना का उद्देश्य सुश्री राधाजी की ललित लीलाओं का सुमधुर गान करना है।

चतुर्थ, इस ग्रन्थ में राधा-कृष्ण की केलि-लीलाओं से सम्बन्धित कथाओं का रसात्मक चित्रण है।

अपने काव्य के अधिकारी पाठकों के सम्बन्ध में चर्चा करता हुआ कवि कहता है—

यदि हरिस्मरणे सरसं मनो,
यदि विलास-कलासु कुतूहलम्।
मधुर-कोमलकान्त-पदावलीम्,
शृणु तदा जयदेव-सरस्वतीम्॥ 3॥

सहृदय एवं समर्पित साधको! यदि भगवान् श्री नारायणदेव के स्मरण में आपके मन को शान्ति एवं सुख मिलता है, अर्थात् आपका मन भगवद्-भजन में रमता है और साथ ही आपको राधा-कृष्ण की विलास-लीलाओं के श्रवण में रुचि है, तो फिर आप जयदेव कवि द्वारा रचित मधुर, कोमल, ललित, सरस और मोहक वाणी का अनुशीलन कीजिये।

अभिप्राय यह है कि जयदेव की कविता मधुर है, कोमल है तथा रमणीय है। उसका विषय भगवान् श्रीकृष्ण और भगवती राधिका की विलास-लीलाओं

का मोहक चित्रण है। विषय रोचक, भाषा सुमधुर और वर्णन-शैली सरस होते हुए भी कवि की वाणी मधुरा भक्ति को अपनाने वाले भक्तों को ही प्रिय लग सकती है, उन्हें ग्राह्य हो सकती है। हरिनाम-कीर्तन तथा हरिकथा के श्रवण से विमुख व्यक्तियों को जयदेव की अत्यन्त सरस कविता कदाचित् आकृष्ट ही नहीं कर पायेगी।

स्पष्ट है कि कवि मधुरा भक्ति के साधकों को ही अपनी रचना का आस्वाद लेने का एकमात्र सच्चा अधिकारी मानता है। नवधा भक्ति के अन्तर्गत सर्वप्रथम श्रवण और कीर्तन (श्रवणं कीर्तनं विष्णोः) का उल्लेख हुआ है। हरिकथा के श्रवण से हरिचरणों में अनुराग उत्पन्न होता है और फिर उनके नाम के स्मरण-कीर्तन का अभ्यास बनता है तथा उसमें रस आने लगता है। ऐसे व्यक्ति को ही कवि रसिक मानता है। कहने की आवश्यकता नहीं कि कवियों में रसिकों के लिए ही काव्य-रचना करने की परम्परागत प्रवृत्ति रही है। तभी तो भवभूति भगवान् से प्रार्थना करते हुए कहते हैं—

अरसिकेषु कवित्व निवेदनं मा लिख मा लिख।

हे विधाता ! यदि मुझे दण्ड ही देना हो, तो दूसरा कोई भी दण्ड दे दो, परन्तु अरसिकों के लिए काव्य-रचना करने का तथा अरसिकों को काव्य सुनाने का दण्ड मुझे कभी मत देना, क्योंकि इसे मैं नहीं झेल पाऊंगा।

इसी सन्दर्भ में जयदेव भी अपनी कविता का आनन्द लेने का अधिकारी केवल सहृदय एवं भावुक भक्तों को ही बताते हैं। भावनारहित व्यक्तियों के लिए तो मधुरा भक्ति और शृंगार में अन्तर ही नहीं, ऐसे हृदयहीनों के लिए ही तो कविवर बिहारी ने कहा है —

गिरि तैं ऊंचे रसिक-मन बूड़े जहां हजारु।
बहै सदा पसु नरनु कौं प्रेम-पयोधि पगारु।।

अपने समकालीन कतिपय लब्धप्रतिष्ठ कवियों की रचना की त्रुटियों का निर्देश करके अपने को उनसे उत्कृष्ट कवि घोषित करता हुआ जयदेव कहता है—

वाचः पल्लवयत्युमापतिधरः सन्दर्भशुद्धिं गिराम्,
जानीते जयदेव एव शरणः श्लाघ्यो दुरूहद्रुतेः।
शृङ्गारोत्तरसत्प्रमेयरचनैराचार्य-गोवर्द्धन-
स्पर्द्धी कोऽपि न विश्रुतः श्रुतिधरो धोयी कविक्ष्मापतिः।।4।।

उमापतिधर नामक कवि अच्छी कविता लिखते हैं, परन्तु उनकी रचना

में ग्रामीण शब्दों का प्रयोग होने से ग्राम्यत्व दोष पाया जाता है। अभिप्राय यह है कि जिस प्रकार सन्दर्भ की शुद्धि के प्रति जयदेव जागरूक रहता है, उमापतिधर वैसी सावधानी नहीं रख पाते।

शरण नाम वाले कवि की रचना में अर्थ-गम्भीरता तो मिलती है, परन्तु उसमें क्लिष्टता का दोष है, अर्थात् उनकी कविता को समझने में पर्याप्त श्रम और आयास करना पड़ता है। यह कविता जयदेव की कविता जैसी सहज और सुगम नहीं। अभिप्राय यह है कि जयदेव की कविता में अर्थ-गम्भीरता के साथ-साथ सरलता और सहजता है।

निःसन्देह गोवर्धनाचार्य शृंगार रस की रचना करने में अनुपम हैं, परन्तु उनकी गति केवल इसी क्षेत्र में है, जब कि जयदेव सभी विषयों में समान रूप से रोचक कविता लिखने में समर्थ हैं।

धोयी कवि की कविता सुनने में तो बड़ी प्यारी और मधुर लगती है, परन्तु विचार करने पर उसमें किसी सार अथवा कथ्य के दर्शन नहीं होते।

इस प्रकार संस्कृत भाषा में काव्य-रचना करने वाले कवि तो अनेक हैं, परन्तु शब्द-सौन्दर्य, अर्थ-गाम्भीर्य, सहजता, सरलता आदि का एक साथ निर्वाह करने का सामर्थ्य एकमात्र जयदेव को ही प्राप्त है।

स्पष्ट है कि कवि में आत्मप्रशंसा की प्रवृत्ति इतनी अधिक प्रबल है कि वह दूसरे कवियों को हीन बताने में भी संकोच नहीं करता। वैसे यह प्रवृत्ति संस्कृत के अन्य कवियों—भवभूति और श्री हर्ष आदि—में भी देखने को मिलती है। इस दृष्टि से जयदेव अपवाद अवश्य नहीं, परन्तु फिर भी इसे स्वस्थ प्रवृत्ति तो नहीं कहा जा सकता।

श्री नारायण के दशावतार

श्री नारायण के दस अवतारों के परिचय के अन्तर्गत प्रथम मत्स्य अवतार का स्मरण-वन्दन करता हुआ कवि कहता है—

प्रलयपयोधिजले धृतवानसि वेदम्,
विहितवहित्रचरित्रमखेदम्।
केशव ! धृतमीनशरीर, जय जगदीश ! हरे ! ध्रुवपद ।। 1 ।।

मत्स्य का अवतार धारण करने वाले श्री नारायणदेव! प्रलय के समय चारों ओर व्याप्त समुद्र के अथाह-अगाध जल में सहज भाव से मछली का रूप धारण करके आपने बिना किसी प्रयास के वेदों को डूबने एव नष्ट होने से बचा लिया। इस प्रकार ज्ञान-विज्ञान के भण्डार—वेदों—का उद्धार एवं उनकी रक्षा करने वाले

जगत् के ईश्वर हे नारायणदेव ! आपकी जय हो, आपको मेरा प्रणाम हो।

श्री नारायणदेव के द्वितीय अवतार—कच्छप—का स्मरण-नमन करता हुआ कवि कहता है—

क्षितिरतिविपुलतरे तव तिष्ठति पृष्ठे,
धरणिधरणकिणचक्रगरिष्ठे ।
केशव ! धृत कच्छपरूप, जय जगदीश ! हरे ! ।।2।।

कूर्म अथवा कच्छप का रूप धारण करने वाले श्री नारायणदेव ! आपने इस अवतार में अति विस्तृत, विशाल एवं भारी पृथ्वी को अपनी पीठ पर धारण करके उसे प्रलयकालीन सागर के अथाह-अगाध जल में डूबने से बचाया। अत्यन्त भारी पृथ्वी को अपनी पीठ पर रखने से आपके शरीर पर खरोचों के हलके निशान भी पड़ गये, परन्तु फिर भी आपने इस भार का वहन किया। इस प्रकार जगत् की रक्षा के लिए कष्ट सहन करने वाले श्री नारायणदेव! आपकी जय हो, मैं आपका अभिवादन करता हूं।

नारायणदेव के तृतीय अवतार—वराह रूप—का स्मरण-वन्दन करता हुआ कवि कहता है—

वसति दशनशिखरे धरणी तव लग्ना,
शशिनि कलङ्ककलेव निमग्ना ।
केशव ! धृतशूकररूप, जय जगदीश ! हरे ! ।।3।।

शूकर रूप धारण करने वाले भगवान् श्री नारायणदेव! आपने इस अवतार में हिरण्याक्ष द्वारा पाताल में ले जाकर धंसायी धरती को अपने दांतों के अग्र भाग से खींच-निकाल, उठाकर उसे पुनः तल पर प्रतिष्ठित किया। उस समय आपके उज्ज्वल दांतों के अग्र भाग पर स्थित मटियाली पृथ्वी चांद की धूमिल (मलिन) चांदनी के समान शोभा धारण कर रही थी।

कवि के कथन का अभिप्राय यह है कि जिस प्रकार चन्द्रमा में कलंक होने से उसकी उज्ज्वल चांदनी भी कुछ-कुछ मलिन (मैली-सी) दिखाई देती है, उसी प्रकार वराह भगवान् के उज्ज्वल दांतों पर धरी पृथ्वी कीचड़ में लिथड़ी होने से कुछ-कुछ मटियाली थी, इससे उनके शुभ्र दांत भी कुछ-कुछ मलिन लग रहे थे।

इस प्रकार कीचड़ में धंसकर आततायी दैत्य से युद्ध करके उसका वध करने तथा पृथ्वी का उद्धार करने वाले वराहरूपधारी श्री नारायणदेव ! आपकी जय हो। मैं आपको प्रणाम निवेदन करता हूं।

श्री नारायण के चतुर्थ अवतार—नृसिंह रूप—का स्मरण-वन्दन करता हुआ

कवि कहता है—

तव करकमलवरे नखमद्भुतशृङ्गम्,
दलितहिरण्यकशिपुतनुभृङ्गम् ।
केशव ! धृतनरहरिरूप, जय जगदीश ! हरे !।।4।।

नृसिंह रूप धारण करने वाले श्री नारायणदेव ! आपने अपने इस अवतार में कमल के समान कोमल एवं सुन्दर हाथों के कांटों जैसे तीखे नाखूनों से हिरण्यकशिपु जैसे दुर्दान्त दैत्य के शरीररूपी भ्रमर को फाड़ डाला और अपने भक्त प्रह्लाद की रक्षा की। जिस प्रकार भ्रमर का शरीर कांटों से छिद जाता है, ठीक उसी प्रकार आपने अपने नाखूनों से हिरण्यकशिपु के शरीर को छेद डाला।

अग्नि से तपते लौहस्तम्भ को फाड़कर प्रकट होने वाले, दुर्दान्त दुष्टों का विनाश तथा भक्तों की रक्षा करने वाले नृसिंहरूपधारी श्री नारायणदेव ! आपकी जय हो। मैं आपको अपना प्रणाम निवेदन करता हूं।

श्री नारायण हरि के पञ्चम् अवतार—वामन रूप—का स्मरण-वन्दन करता हुआ कवि कहता है—

छलयसि विक्रमणे बलिमद्भुत वामन,
पदनखनीरजनितजनपावन ।
केशव ! धृतवामनरूप, जय जगदीश ! हरे !।।5।।

वामन अवतार धारण करने वाले श्री नारायणदेव ! आपने अपने इस विचित्र एवं छलिया रूप में बलि को छलकर नष्ट होती हुई लोक-मर्यादा की रक्षा की। आपने इसी अवतार में अपने चरणकमल के नाखूनों के नीर—गंगाजल—को प्रवाहित करके लोक को पवित्र किया। इस प्रकार अपने भक्तों एवं देवों की रक्षा करने वाले, दैत्यों के दर्प का दलन करने वाले तथा तीनों लोकों के प्राणियों के पापों का प्रक्षालन करने वाले हे वामन अवतारधारी भगवन्! मैं आपका जय-जयकार करता हूं और आपको प्रणाम करता हूं।

टिप्पणी : 1. राजा बलि को अपने दानी होने का बड़ा अभिमान हो गया था और वह दान के प्रभाव से इन्द्रपद को प्राप्त करना चाहता था। भगवान् ने उसके दर्प को चूर्ण करने तथा देव-मर्यादा की रक्षा के लिए वामन (बौना) रूप धारण किया और यज्ञ करते हुए बलि से केवल तीन पग धरती की याचना की। बलि द्वारा दान का संकल्प करते ही वामन ने विराट् (विक्रम) रूप धारण कर लिया और एक ही पग में सारी धरती को नापकर दूसरा पग बलि के सिर पर रख दिया। इस प्रकार उसे पृथ्वीलोक से पाताललोक को भेज दिया।

2. पुराणों के अनुसार ब्रह्माजी ने वामनरूपधारी श्री नारायण के चरणों को शुद्ध जल से प्रक्षालित कर उस जल को अपने कमण्डलु में रख लिया था। इस जल को आग्रहपूर्वक शिवजी ने अपने मस्तक पर धारण किया। भगवान् के चरण-अमृत को पीने से बचे जलकणों को आज भी सिर पर डालने की प्रथा प्रचलित है। वही जल प्रवाह का रूप धारण कर गंगा बन गया। विष्णु के चरणों की धोवन होने से गंगा को 'विष्णुपदी' नाम मिला है और उसे पापहारिणी, पतितपावनी आदि होने का गौरव प्राप्त है।

भगवान् के षष्ठ अवतार—परशुराम—का स्मरण-वन्दन करता हुआ कवि कहता है—

क्षत्रियरुधिरमये जगदपगतपापम्,
स्नपयसि पयसि शमितभवतापम्।
केशव ! धृतभृगुपतिरूप, जय जगदीश ! हरे !।।6।।

परशुराम का अवतार धारण करने वाले श्री नारायणदेव ! आपने इस रूप में आततायी क्षत्रियों के रक्त से स्नान करके, अर्थात् उनका वध करके, प्रजाजनों को उनके अत्याचारों से और उनके द्वारा हो रहे अन्यायपूर्ण दमन से मुक्त किया। इससे प्रजाजनों को लगा कि जैसे उनके पापों का शमन हो गया है।

इस प्रकार उत्पीड़क एवं आततायी शासकों के अन्यायपूर्ण अत्याचारों से दीन-हीन एवं असहाय प्रजाजनों को मुक्ति दिलाने वाले जगदीश्वर ! आपकी जय हो, आप मेरा प्रणाम स्वीकार करें।

टिप्पणी : प्राचीन काल में एक समय कुछ क्षत्रिय राजा बहुत उद्धत, विलासी एवं अत्याचारी हो गये थे। वे न्यायपूर्वक प्रजा का पालन करना तो दूर रहा, गौ, ब्राह्मण और दीनों का उत्पीड़न-शोषण करने लगे थे। वे अपनी शक्ति के मद से इस प्रकार उन्मत्त हो गये थे कि उनकी बुद्धि मलिन हो गयी थी। ऐसे अविवेकी एवं अन्यायी शासकों का दमन करने के लिए भगवान् ने परशुराम का अवतार धारण किया था। इस अवतार में भगवान् ने इक्कीस बार प्रजा को ऐसे आततायी क्षत्रियों से मुक्ति दिलायी थी।

श्री नारायणदेव के सप्तम अवतार—श्री रामचन्द्र—का स्मरण-वन्दन करता हुआ कवि कहता है—

वितरसि दिक्षु रणे दिक्पतिकमनीयम्,
दशमुखमौलिबलिं रमणीयम्।
केशव ! धृतरामशरीर, जय जगदीश ! हरे ! ।।7।।

श्रीराम का अवतार धारण करने वाले श्री नारायणदेव ! आपने इस

अवतार में इन्द्र आदि सभी देवों तथा दसों दिशाओं के रक्षक दिक्पालों को पीड़ा तथा भय आदि से मुक्त करने के लिए युद्ध में राक्षसों के अधिपति रावण के दसों सिरों को काटा और उनकी बलि चढ़ायी। रावण जैसे प्रचण्ड एवं पराक्रमी राक्षसों का वध करने वाले तथा देवों को कष्ट-मुक्त करने वाले परम कृपालु जगदीश्वर! आपकी जय हो, आपको मेरा बारम्बार प्रणाम।

टिप्पणी : दस दिशाओं की गणना इस प्रकार से है—(1) पूर्व, (2) पश्चिम, (3) उत्तर, (4) दक्षिण, (5) पूर्व-उत्तर कोण, (6) पूर्व-दक्षिण कोण, (7) पश्चिम-दक्षिण कोण, (8) पश्चिम-उत्तर कोण, (9) ऊपर आकाश तथा (10) नीचे धरती।

इन दसों दिशाओं के रक्षक होने के कारण इन्द्र, वरुण आदि देवता दिक्पाल कहलाते हैं।

श्री नारायणदेव के अष्टम अवतार—हलधर (बलराम)—का स्मरण-वन्दन करता हुआ कवि कहता है—

वहसि वपुषि विशदे वसनं जलदाभम्,
हलहतिभीतिमिलितयमुनाभम्।
केशव ! धृतहलधररूप, जय जगदीश ! हरे ! ।।8।।

हलधर (बलरामजी) का अवतार धारण करने वाले श्री नारायणदेव ! इस अवतार में आपके सुन्दर शरीर पर मेघों के सदृश श्यामल वस्त्र इस प्रकार शोभा दे रहे थे, मानो आपके हल से भयभीत होकर यमुना ने ही आत्मरक्षा के लिए अपने को आपके शरीर पर लपेट लिया हो।

इस प्रकार सुन्दर शरीर पर मोहक वेश धारण करने वाले जगदीश्वर ! आपकी जय हो, मैं आपको प्रणाम करता हूं।

टिप्पणी : बलरामजी के वस्त्रों को एक तो मेघों के सदृश श्यामल माना गया है और दूसरे यमुना द्वारा उनके शरीर से लिपटने की सम्भावना की गयी है। इस प्रकार उपमा और उत्प्रेक्षा अलंकारों के एक साथ प्रयोग द्वारा कथ्य को सजीव बनाया गया है।

भगवान् नारायण के नवम अवतार—बुद्ध—का स्मरण-वन्दन करता हुआ कवि कहता है—

निन्दसि यज्ञविधेरहहश्रुतिजातम्,
सदयहृदय-दर्शितपशुघातम्।
केशव ! धृतबुद्धशरीर, जय जगदीश ! हरे !।।9।।

महात्मा बुद्ध का अवतार धारण करने वाले श्री नारायणदेव ! आपने इस अवतार में यज्ञ में बलि के नाम पर पशुओं की हो रही हिंसा की निन्दा की और पशुओं के प्रति दया का भाव दिखाते हुए उनके वध की प्रचलित प्रवृत्ति का विरोध करके उस प्रथा को बन्द कराया। इस प्रकार जीव मात्र के प्रति करुणा का भाव रखने वाले और जीव-हिंसा को बन्द कराने वाले जगदीश्वर ! आपकी जय हो, आपको मेरा प्रणाम हो।

श्री नारायणदेव के दशम अवतार—कल्कि रूप—का स्मरण-वन्दन करता हुआ कवि कहता है—

म्लेच्छनिवहनिधने कलयसि करवालम्,
धूमकेतुरिव किमपि करालम्।
केशव ! धृतकल्किशरीर, जय जगदीश ! हरे ! ।। 10 ।।

कल्कि अवतार धारण करने वाले श्री नारायणदेव ! आपने इस अवतार में दुष्ट म्लेच्छों की सेना का नाश करने के लिए अग्नि के समान प्रदीप्त तथा पुच्छल तारे के समान विनाशकारी एवं भयंकर तलवार को हाथ में धारण किया। आपकी जय हो, मैं आपको प्रणाम करता हूं।

श्री नारायणदेव के दस अवतारों से सम्बन्धित अपनी रचना के पाठ और श्रवण से प्राप्त होने वाले फल की चर्चा करते हुए कवि कहता है—

श्री जयदेवकवेरिदमुदितमुदारम्,
शृणु सुखदं शुभदं भवसारम्।
केशव ! धृतदशविधरूप, जय जगदीश ! हरे ! ।। 11 ।।

दस प्रकार के अवतारों को धारण करने वाले जगत् के स्वामी श्री नारायणदेव ! आपकी जय हो। मैं आपका अभिवादन करता हूं।

श्री नारायण के प्रति प्रणाम निवेदन के उपरान्त पाठकों को सम्बोधित करता हुआ कवि कहता है—प्रिय भक्तो ! कविश्रेष्ठ जयदेव द्वारा रचित यह स्तोत्र सुख, शान्ति और आनन्द देने वाला तथा सभी प्रकार से कल्याण करने वाला है। सत्य तो यह है कि इस असार संसार में यह स्तोत्र सार-रूप है। अतः आत्मसुख के इच्छुक भक्तों को इसका पठन-श्रवण करके अपने जीवन को सफल बनाना चाहिए।

(कवि ने इस काव्य में अपने कथ्य की अभिव्यक्ति के लिए अष्टपदियों का प्रयोग किया है। आठ छन्दों के समुच्चय का नाम अष्टपदी है। कवि ने प्रत्येक अष्टपदी में एक-एक प्रसंग की अवतारणा की है तथा पौराणिक शैली में फल-लाभ

का भी वर्णन किया है।)

विष्णु और श्रीकृष्ण में अभेद करता हुआ तथा विष्णुजी के दसों अवतारों—मत्स्य, कूर्म, वराह, वामन, नृसिंह, परशुराम, श्रीराम, बलराम, बुद्ध और कल्कि—में उनके द्वारा किये गये जनहित के विभिन्न कृत्यों का उल्लेख करके उनका एक साथ अभिवादन करता हुआ कवि कहता है—

श्रीकृष्ण का ईश्वर को नमन

वेदानुद्धरते जगन्ति वहते भूगोलमुद्बिभ्रते,
दैत्यं दारयते बलिं छलयते क्षत्रक्षयं कुर्वते।
पौलस्त्यं जयते हलं कलयते कारुण्यमातन्वते,
म्लेच्छान्मूर्च्छयते दशाकृतिकृते कृष्णाय तुभ्यं नमः।।

मत्स्य अवतार धारण करके वेदों का उद्धार करने वाले, कूर्म रूप धारण करके सृष्टि को आधार प्रदान करने वाले, वराह रूप धारण करके जल में धंसी धरती की पुनः प्रतिष्ठा करने वाले, नृसिंह रूप धारण करके अपने नाखूनों से हिरण्यकशिपु की छाती को फाड़ने वाले, वामन अवतार धारण करके बलि को छलने एवं उसका मान मर्दन करने वाले, परशुराम का रूप धारण करके आततायी क्षत्रिय राजाओं का संहार करने वाले, श्रीराम के रूप में अवतरित होकर देवों के शत्रु रावण का वध करने वाले, हलधर का अवतार लेकर अन्याय-अत्याचार का अन्त करने वाले, बुद्ध के रूप में अवतरित होकर जीव मात्र के प्रति करुणा की भावना का विस्तार करने वाले तथा कल्कि का अवतार लेकर म्लच्छों का संहार करने वाले तथा इस प्रकार एक होकर भी दस स्वरूपों में प्रकट होने वाले भगवान् श्रीकृष्ण ! मैं आपको अपना प्रणाम निवेदन करता हूं।

श्रीकृष्ण-स्तुति

प्रणाम करने के उपरान्त कवि अष्टपदी में श्रीकृष्ण की स्तुति प्रस्तुत करता है।

श्रितकमलाकुच-मण्डल धृतकुण्डल ए।
कलितललितवनमाल जय जय देव हरे ! ।। ध्रुवपद ।। 1 ।।

अपने कोमल हाथों से लक्ष्मी के कठोर स्तनों का मर्दन करने वाले ! कानों में स्वर्णमण्डित एवं देदीप्यमान कुण्डलों को धारण करने वाले ! अपने कण्ठ में

सुगन्धित पुष्पों की मनोरम माला को पहनकर उससे विभूषित होने वाले हे श्रीकृष्ण ! आपकी जय हो। मैं आपको पुनः-पुनः प्रणाम करता हूं।

दिनमणिमण्डलमण्डन भवखण्डन ए।
मुनिजनमानस हंस जय जय देव हरे ।।2।।

अलंकार के समान सूर्यमण्डल को विभूषित करने वाले हे दिव्यरत्नस्वरूप ! संसार के सभी प्राणियों के दुःखों, क्लेशों और सन्तापों को दूर करने वाले हे परमकरुणामय ! ऋषि-मुनियों के चित्तरूपी मानसरोवर में निवास करने वाले हे परमहंस परमात्मन् ! हे श्रीकृष्ण ! प्रभो ! आपकी जय हो, जय हो, आप मेरा अभिवादन स्वीकार करें।

कालियविषधरगञ्जन जनरञ्जन ए।
यदुकुलनलिनदिनेश जय जय देव हरे।।3।।

कालिय नामक अत्यन्त एवं दर्पोन्मत्त सर्प का दलन करने वाले, अपने भक्तों (दासों) को आनन्दित करने वाले तथा यदुकुलरूपी कमल को विकसित करने वाले, सूर्य के समान तेजस्वी, हे भगवान् श्रीकृष्ण ! आपकी जय हो, मैं आपको प्रणाम करता हूं।

टिप्पणी : कालिय सर्प ने यमुना के जल में अपने विष को मिलाकर जल को विषैला बना दिया था। इससे ब्रज के पशुओं, पक्षियों, जलचरों और मनुष्यों के लिए जीवन-मरण का प्रश्न उपस्थित हो गया था। भगवान् श्रीकृष्ण ने अत्यन्त भयंकर एवं बलशाली कालिय सर्प का वध करके ब्रजवासियों को इस घोर संकट से मुक्ति दिलायी थी।

मधुमुरनरकविनाशन गरुडासन ए।
सुरकुलकेलिनिदान जय जय देव हरे।।4।।

मधु, मुर और नरक नामक लोकपीड़क दैत्यों का विनाश करने वाले, गरुड़ पर सवार होने वाले तथा देवों के विलास के आदिकारण (अर्थात् आपके भरोसे पर ही देवता निश्चिन्त होकर विलास-लीलाओं का आनन्द लेते हैं।) तथा देवों को रक्षा का आश्वासन देकर उन्हें निश्चिन्त करने वाले हे भगवान् श्रीकृष्ण ! आपकी जय हो। आपको मेरा प्रणाम है।

अमलकमलदललोचन भवमोचन ए।
त्रिभुवनभवननिधान जय जय देव हरे।।5।।

कमल के समान निर्मल और विशाल नेत्रों वाले, अपने भक्तों को सांसारिक

बन्धनों से मुक्त करने वाले तथा त्रिलोकरूप भवन के आदिकारण, अर्थात् समग्र विश्व के स्रष्टा, भर्ता और संहर्ता हे भगवान् श्रीकृष्ण ! आपकी जय हो, मेरा आपको प्रणाम है।

जनकसुताकृतभूषण जितदूषण ए।
समरशमितदशकण्ठ जय जय देव हरे।।6।।

जनकनन्दिनी के संग शोभा देने वाले, खर और दूषण जैसे उत्पाती दैत्यों का वध करने वाले तथा रावण जैसे बलशाली दैत्य का संहारकर देवों को सुखी बनाने वाले हे भगवान् श्रीकृष्ण ! आपकी जय हो, मेरा आपको प्रणाम है।

टिप्पणी : यहां यह उल्लेखनीय है कि कवि राम और कृष्ण के चरित्र के और उनकी लीलाओं के वर्णन में अन्तर न करके दोनों में ऐक्य स्थापित कर रहा है। दोनों को एक ही ब्रह्म अथवा नारायण के दो रूप अथवा अवतार मान रहा है। सत्य तो यह है कि कवि दसों अवतारों को श्रीकृष्ण का रूप मानता है और इस प्रकार दसों अवतारों द्वारा किये गये अद्‌भुत कर्मों को श्रीकृष्ण की ही लीला मानता है। यही कारण है कि वह श्रीकृष्ण की स्तुति के अन्तर्गत उनके लिए सीतापति और रावण-संहारक सम्बोधनों का प्रयोग कर रहा है।

अभिनवजलधरसुन्दर धृतमन्दर ए।
श्रीमुखचन्द्रचकोर जय जय देव हरे।।7।।

नवीन मेघ के समान उज्ज्वल वेश से सुशोभित होने वाले, विशाल एवं अत्यन्त भारी मन्दराचल को अपनी पीठ पर धारण करने वाले तथा लक्ष्मी के मुखरूपी चन्द्र के चकोर, अर्थात् उसके अनन्य प्रेमी हे भगवान् श्रीकृष्ण ! आपकी जय हो, आपको मेरा प्रणाम हो।

तव चरणे प्रणताः वयमिति भावय ए।
कुरु कुशलं प्रणतेषु जय जय देव हरे ।।8।।

हे भगवान् श्रीकृष्ण ! हे नारायणदेव ! हम आपके चरणों में सादर प्रणाम करते हैं। आप हमारा वन्दन-अभिवादन स्वीकार करने की तथा हमारा सब प्रकार से कुशल-मंगल करने की कृपा करें।

अपनी इस अष्टपदी के पाठ की महिमा का वर्णन करता हुआ कवि कहता है—

श्रीजयदेवकवेरिदं कुरुते मुदम्।
मङ्गलमुज्ज्वलगीतं जय जय देव हरे।।9।।

जयदेव कवि द्वारा रचित इस परम पवित्र एवं मंगलमय अष्टपदों वाले स्तोत्र का श्रद्धा-भक्तिपूर्वक पाठ करने से साधक को निश्चित रूप से श्री नारायण की अनुकूलता प्राप्त हो जाती है और फिर उसे सभी प्रकार के आनन्द-मंगल सुलभ हो जाते हैं। अपने भक्तों पर सदैव कृपा करने वाले श्री नारायणदेव की जय हो। मैं उन्हें प्रणाम करता हूं।

श्रीकृष्ण से कृपा-याचना

श्रीकृष्ण से कृपा की याचना करता हुआ कवि कहता है—

पद्मापयोधरतटीपरिरम्भलग्न-
काश्मीरमुद्रितमुरो मधुसूदनस्य।
व्यक्तानुरागमिव खेलदनङ्गखेद-
स्वेदाम्बुपूरमनुपूरयतु प्रियं वः ॥1॥

लक्ष्मीजी का आलिंगन करने से उनके कुचों (वक्षःस्थल) पर लगा चन्दन श्रीकृष्ण की छाती पर भी लग गया। कवि इस सम्बन्ध में कतिपय मनोरम एवं मोहक कल्पनाएं करता हुआ कहता है—

श्रीकृष्ण की छाती पर लगा चन्दन मानो उनके और लक्ष्मीजी के अनन्य एवं सच्चे प्रेम का सहज प्रदर्शन है अथवा लक्ष्मीजी द्वारा श्रीकृष्ण की छाती पर उनके प्रति अपने अनन्य प्रेम की लगायी गयी छाप (मोहर) है अथवा उन्हीं द्वारा यह सन्देश अंकित किया गया है कि श्रीकृष्ण पर एकमात्र उन्हीं का अधिकार है। अतः कोई अन्य रमणी उनके स्पर्श की चाह अथवा संसर्ग का दुस्साहस न करे।

लक्ष्मीजी के साथ सुरतविलास करने से उत्पन्न स्वेदकणों से सुशोभित एवं उल्लसित भगवान् श्रीकृष्ण सब पर कृपा करें। सबका मंगल करें।

वसन्ते वासन्तीकुसुमसुकुमारैरवयवै-
र्भ्रमन्ती कान्तारे बहुविहितकृष्णानुसरणाम्।
अमन्दं कन्दर्पज्वरजनितचिन्ताकुलतया,
चलद्बाधां राधां सरसमिदमूचे सहचरी ॥2॥

वसन्त ऋतु में विकसित होने वाले माधवी पुष्पों से भी अधिक कोमल अंगों वाली, श्रीकृष्ण की खोज में सूने वन में अकेली भटकती, तथा तीव्र काम-ज्वर से पीड़ित-व्यथित प्रियतम के न मिलने से चिन्तित एवं आकुल-व्याकुल तथा चलने में सर्वथा असमर्थ बनी राधा से उसकी सखी परिहास करती हुई बोली—

कामपीड़ित राधा से सखी की उक्ति

सखी की उक्ति को निम्नोक्त अष्टपदी में ग्रथित किया गया है।

ललितलवङ्गलतापरिशीलन-कोमलमलयसमीरे।
मधुकरनिकरकरम्बितकोकिलकूजितकुञ्जकुटीरे।।
विहरति हरिरिह सरसवसन्ते,
नृत्यति युवतिजनेन समं सखि विरहिजनस्य दुरन्ते ।। ध्रुवपद ।। 1 ।।

राधा की व्यथा और मनोदशा से द्रवित हुई उसकी एक सखी उससे बोली—राधे! सुन्दर दिखने वाले पुष्पों से लदी बेलों के स्पर्श से मादक बनी, मन्द प्रवाहित होते मलय समीर के साथ, भौंरों की पंक्तियों से गुञ्जित तथा कोयलों के संगीत से कूजित कुञ्जों वाले तथा वियोगियों को सन्तप्त करने वाली इस वसन्त ऋतु में तुम्हारे प्रियतम श्रीकृष्ण तो तरुणी गोपियों के साथ नाचते-गाते फिरते हैं।

सखी के कथन का अभिप्राय यह है कि ऋतु अत्यन्त मादक है, श्रीकृष्ण को रूपवती गोपियों का सान्निध्य उपलब्ध है, श्रीकृष्ण द्वारा ऐसे परिवेश में रमणियों द्वारा दिये गये रमण के आमन्त्रण को ठुकराना कठिन-सा है। यदि तुम उन पर अपना अधिकार चाहती हो, तो तुम यथाशीघ्र अपने प्रेमी श्रीकृष्ण से मिल लो, विलम्ब करने से वह तुम्हारे हाथ से निकल जायेगा और फिर तुम हाथ मलती रह जाओगी।

उन्मदमदनमनोरथपथिकवधूजनजनितविलापे।
अलिकुलसङ्कुलकुसुमसमूहनिराकुलबकुलकलापे।
विहरति हरिरिह सरसवसन्ते,
नृत्यति युवतिजनेन समं सखि विरहिजनस्य दुरन्ते ।। 2 ।।

राधा की सखी अपने कथन को आगे बढ़ाती हुई बोली—सखि! उन्मत्त करने वाली रति-वासना एवं रति-भोग की इच्छा के पूर्ण न होने से प्रवासी पथिकों की स्त्रियों (परदेस गये पुरुषों की पत्नियों) को आकुल-व्याकुल बनाकर रुलाने वाली तथा मौलसिरी के पुष्पों का रस पीकर गुञ्जार करने वाले भ्रमरों से मोहक बनी इस वसन्त ऋतु में तुम्हारा प्रेमी श्रीकृष्ण युवतियों के साथ विलास करता हुआ आनन्द प्राप्त कर रहा है। तुम शीघ्रता से उसे ढूंढ़कर उससे मिल लो, नहीं तो तुम्हें पीछे पछताना ही पड़ेगा।

मृगमदसौरभरभसवशंवदनवदलमालतमाले।
युवजनहृदयविदारणमनसिजनखरुचिकिंशुकजाले।

विहरति हरिरिह सरसवसन्ते,
नृत्यति युवतिजनेन समं सखि विरहिजनस्य दुरन्ते ।।3।।

श्रीकृष्ण की खोज में भटकती, चिन्ताग्रस्त एवं आकुल-व्याकुल राधा से हंसती हुई उसकी सखी बोली—राधे ! कस्तूरी की सुगन्ध के प्रसार से चारों ओर मादकता की सृष्टि करने वाली, तमाल के नूतन पत्तों से वातावरण को मोहक बनाने वाली तथा कामदेव के नाखूनों के समान प्रफुल्लित लाल-लाल पलाश-पुष्पों से युवकों के हृदयों को विदीर्ण करने वाली इस वसन्त ऋतु में तुम्हारा प्रियतम रूपवती एवं युवा कामिनियों के साथ रमण कर रहा है। शीघ्रता से जाकर उसे अपने अधिकार में कर लो, अन्यथा विलम्ब करने से परिणाम प्रतिकूल हो सकता है।

मदनमहीपतिकनकदण्डरुचिकेसरकुसुमविकासे।
मिलितशिलीमुखपाटलिपटलकृतस्मरतूणविलासे।
विहरति हरिरिह सरसवसन्ते,
नृत्यति युवतिजनेन समं सखि विरहिजनस्य दुरन्ते ।।4।।

राधा की सखी उससे सहानुभूति दिखाती हुई बोली—राधे ! कामदेव के स्वर्ण-निर्मित दण्ड वाले छत्र (छाता) के समान चमकीले एवं विकसित नागपुष्पों से विश्व को सुशोभित बनाने वाली तथा कामदेव के तरकस में भरे बाणों के समान भौंरों से घिरे गुलाब के पुष्पों से वातावरण में सुगन्ध और सौन्दर्य की छटा बिखेरने वाली इस वसन्त ऋतु में तुम्हारा प्रेमी श्रीकृष्ण तरुणी एवं रूपवती गोप-बालाओं के साथ नृत्य करता हुआ रतिक्रीड़ा का आनन्द-लाभ कर रहा है। तुम शीघ्र ही उसे अपने अधिकार में लेने की व्यवस्था करो।

विगलितलज्जितजगदवलोकनतरुणवरुणकृतहासे।
विरहिनिकृन्तनकुन्तमुखाकृतिकेतकिदन्तुरिताशे।
विहरति हरिरिह सरसवसन्ते,
नृत्यति युवतिजनेन समं सखि विरहिजनस्य दुरन्ते ।।5।।

राधा की सखी हंसती हुई बोली—राधे ! जिस मोहक वसन्त ऋतु में नवीन तरुण वृक्ष जगत् को निर्लज्ज हुआ देखने के लिए ही मानो पुष्पों को विकसित करके अपना हास्य बिखेर रहे हैं तथा केतकी के पुष्प विरही लोगों को नोचने के लिए ही मानो भाले की नोक अथवा बर्छी के समान ऊंचे उठ रहे हैं, ऐसी मोहक-मादक वसन्त ऋतु में श्रीकृष्ण का रूप-यौवन से मदमाती गोपस्त्रियों के साथ नृत्य करते हुए रति-विलास का सुख प्राप्त करना स्वाभाविक ही है। तुम्हारे

लिए यथाशीघ्र उन्हें अपने वश में करने का प्रयास अपेक्षित है।

माधविकापरिमलललिते वनमालिकयातिसुगन्धौ।
मुनिमनसामपि मोहनकारिणि तरुणाकारणबन्धौ।
विहरति हरिरिह सरसवसन्ते,
नृत्यति युवतिजनेन समं सखि विरहिजनस्य दुरन्ते।।6।।

श्रीकृष्ण को ढूंढ़ती राधा से उसकी सखी बोली—माधवी लताओं की मोहक सुगन्ध से अति रमणीय वनी, नूतन मालती और चमेली के पुष्पों की सुगन्ध से हृदयों को उल्लसित करती, मुनियों के मनों को भी उद्वेलित करती तथा युवकों की अहैतुक रूप से सच्ची एवं सहज मित्र इस वसन्त ऋतु में तुम्हारा प्रेमी श्रीकृष्ण तुमसे मिलन न होने के कारण रूप-सौन्दर्य की धनी गोपांगनाओं के साथ नृत्य एवं विहार करता हुआ आनन्द ले रहा है।

सखी के कथन से यह संकेत मिलता है कि तुम्हारा प्रेमी श्रीकृष्ण भी क्या करे, किसी भी युवक के लिए ऋतु की मादकता का संवरण करना सम्भव ही नहीं। अतः तुम उसे दोष अथवा उपालम्भ न देकर यथाशीघ्र उसके पास पहुंचकर उसके साथ रमण करने की व्यवस्था करो।

स्फुरदतिमुक्तलतापरिरम्भणमुकुलितपुलकितचूते।
वृन्दावनविपिने परिसरपरिगतयमुनाजलपूते।
विहरति हरिरिह सरसवसन्ते,
नृत्यति युवतिजनेन समं सखि विरहिजनस्य दुरन्ते।।7।।

श्रीकृष्ण को ढूंढ़ती-फिरती राधा से उसकी सखी परिहास करती हुई बोली—देवि ! इस मोहक वसन्त ऋतु में खिली हुई माधवी लताओं के आलिंगन से प्रफुल्लित (प्रसन्नता से फूले न समाते) तथा पुलकित आम्र-वृक्षों से घिरे यमुना के तटवर्ती सुरम्य प्रदेश—वृन्दावन—में तुम्हारा प्रियतम ब्रज की किशोरियों के साथ विहार का आनन्द ले रहा है। तुम उसे इधर कहां ढूंढ़ती फिरती हो? शीघ्रता से उधर जाओ और अपने प्रियतम को संभाल सको, तो संभाल लो।

श्रीजयदेवभणितमिदमुदयति हरिचरणस्मृतिसारम्।
सरसवसन्त-समयवनवर्णनमनुगतमदनविकारम्।
विहरति हरिरिह सरसवसन्ते,
नृत्यति युवतिजनेन समं सखि विरहिजनस्य दुरन्ते।।8।।

कविप्रवर श्री जयदेव द्वारा मादक-मोहक वसन्त ऋतु में गोपबालाओं के

साथ श्रीकृष्ण द्वारा किये गये विहार एवं रति-विलास के इस सरस वर्णन का भक्तिपूर्वक अनुशीलन श्रीकृष्ण के चरणों में अनुराग को स्थिर करने और बढ़ाने वाला सिद्ध हो।

कहने का अभिप्राय यह है कि कवि ने भगवान् के चरणों में भक्तों की रति की दृढ़ता और स्थिरता को बनाये रखने के लिए ही उक्त स्तोत्र (अष्टश्लोकी रचना) का सर्जन किया है।

विरह की व्याकुलता का वर्णन

दो पद्यों में कवि ने वसन्त ऋतु में विरही जनों की व्याकुलता एवं खिन्नता का बड़ा ही मार्मिक वर्णन किया है—

दरविदलितमल्लीवल्लिचञ्चत्पराग-
प्रकटितपटवासैर्वासयन्काननानि।
इह हि दहति चेतः केतकीगन्धबन्धुः,
प्रसरदसमबाणप्राणवद्गन्धवाहः।। 1।।

अधखिले चमेली के पुष्पों से निकले केसर को बिखेरकर सारे वन को सुगन्धित बनाता हुआ तथा केवड़े के पुष्पों से मित्रता गांठता हुआ, अर्थात् सारे वातावरण को शीतल और मादक बनाता हुआ वसन्त ऋतु का पवन कामदेव के बाणों के समान ही वियोगियों को आकुल-व्याकुल एवं सन्तप्त कर रहा है।

उन्मीलन्मधुगन्धलुब्धमधुपव्याधूतचूताङ्कुर-
क्रीडत्कोकिलकाकलीकलकलैरुद्गीर्णकर्णज्वराः।
नीयन्ते पथिकैः कथं कथमपि ध्यानावधानक्षण-
प्राप्तप्राणसमासमागमरसोल्लासैरमी वासराः ।।2।।

आम्र की मञ्जरियों (बौर से लदे गुच्छों) से बाहर निकलते रस के लोभी भंवरों द्वारा कंपायी (हिलायी) गयी आम्रवृक्षों की शाखाओं पर उगे पत्तों में छिपकर बैठी तथा कूजन करती कोयलों के मधुर आलापों से विरही जनों को व्याकुल करने वाली इस वसन्त ऋतु में विरही लोग अपनी प्राणप्रिया से समागम की सम्भावना एवं मिलन-सुख की अनुभूति की कल्पना से बड़ी ही कठिनता से जैसे-तैसे समय बिताते हैं।

अभिप्राय यह है कि विरही लोगों के लिए वसन्त ऋतु बड़ी ही कष्टदायक होती है। इस ऋतु में उन्हें प्रिय का वियोग नितान्त असह्य होता है।

इसी मादक वसन्त ऋतु में श्रीकृष्ण के वियोग में भटकती राधा की सखी

कृष्ण को आता देखकर राधा को संकेत करती हुई कहती हैं—

अनेक-नारी-परिरम्भ-सम्भ्रम-
स्फुरन्मनोहारि विलासलालसम्।
मुरारिमारादुपदर्शयन्त्यसौ,
सखी समक्षं पुनराह राधिकाम्।।3।।

अनेक तरुणी गोपांगनाओं के साथ विलास करने से पुलकित तथा सदैव सुन्दरियों के साथ विहार करने को उत्सुक एवं प्रस्तुत रहने वाले श्रीकृष्ण को अपने समीप से गुज़रता देखकर राधा की सखी राधा को दूर से ही संकेत देकर बोली—अरी ओ राधा! यह लो, तुम्हारा प्रियतम इधर से जा रहा है। शीघ्रता से इसे घेर ले, कहीं ऐसा न हो कि विलम्ब करने से वह दूर किसी और रमणी के पास पहुंच जाये।

सखी द्वारा राधा को श्रीकृष्ण की जानकारी देना

चन्दनचर्चितनीलकलेवरपीतवसनवनमाली।
केलिचलन्मणिकुण्डलमण्डितगण्डयुगस्मितशाली।।
हरिरिहमुग्धवधूनिकरे विलासिनिविलसतिकेलिपरे।। ध्रुवपद ।।

राधा की सखी राधा को कृष्ण के दृष्टिगोचर होने की जानकारी देती हुई बोली—चन्दन से चुपड़े, अपने श्यामल तन पर पीले वस्त्रों को तथा वनमाला को धारण करने से मोहक बना, रति-विलास के कारण अस्तव्यस्त हो रहे रत्नजटित कुण्डलों से सुशोभित तथा अपने गालों पर मन्द-मन्द मुसकान को बिखेरता हुआ तुम्हारा प्रियतम श्रीकृष्ण गोपियों के साथ रति-विलास से इधर विमोहित हुआ विहार कर रहा है।

पीनपयोधरभारभरेण हरिं परिरभ्य सरागम्।
गोपवधूरनुगायति काचिदुदञ्चितपञ्चमरागम्।
हरिरिहमुग्धवधूनिकरे विलासिनिविलसतिकेलिपरे।।2।।

श्रीकृष्ण के अपने समीप में ही होने की सूचना राधा को देती हुई उसकी सखी बोली—हे राधिके! अपने उन्नत एवं भारी स्तनों के सम्मोहन से श्रीकृष्ण को अपनी ओर आकृष्ट करके उनका प्रेमपूर्वक आलिंगन करती हुई और उनकी वंशी के पञ्चम स्वर के साथ अपना स्वर मिलाकर, अर्थात् उच्च स्वर में गीत गाती हुई कोई एक गोपी श्रीकृष्ण को अपनी भुजाओं में समेटे इधर लिये आ

रही है, अर्थात् एक गोपी के आलिंगन में बद्ध श्रीकृष्ण इधर ही विद्यमान हैं, यथाशीघ्र उन्हें थाम लो।

टिप्पणी (1) : स्त्रियों के स्तनों का पीन (भारी) और उन्नत (उठा हुआ) होना सौन्दर्य का लक्षण माना जाता है। ऐसे स्तन पुरुषों को विशेष रूप से अपनी ओर आकर्षित करते हैं। स्त्रियां चोली के नीचे बाडी (Brassiers) पहनती ही इसलिए हैं कि उनके स्तन उठे हुए दिखाई दें, ताकि वे पुरुषों के आकर्षण का केन्द्र वन सकें।

(2) श्रीकृष्ण का किसी अन्य गोपी के आलिंगन में बद्ध होने के उल्लेख का उद्देश्य, राधा की विरह-वेदना, चिन्ता, आसक्ति और व्याकुलता को बढ़ाना है।

कापि विलास-विलोलविलोचनखेलनजनितमनोजम्।
ध्यायति मुग्धवधूरधिकं मधुसूदनवदनसरोजम्।
हरिरिहमुग्धवधूनिकरे विलासिनिविलसतिकेलिपरे ।। 3 ।।

राधा की सखी उसे श्रीकृष्ण के आगमन की जानकारी देती हुई कहती है—राधे ! कोई एक मुग्धा (सोलह-सत्रह वर्ष की, नवेली कामक्रीड़ा से अनजान, अर्थात् भोली-भाली, परन्तु साथ ही अत्यन्त रूपवती होने से लुभावनी रमणी) गोपी अपने चञ्चल नेत्रों के कटाक्षों से श्रीकृष्ण के मन में कामोत्तेजना का सञ्चार करती हुई निरन्तर उनके मुखरूपी कमल को देख रही है, अर्थात् उनकी उत्तेजना को तीव्र करने और उसके फलस्वरूप उनके द्वारा अपने को उनकी बांहों में समेटे जाने का प्रयास कर रही है।

सखी के कथन का अभिप्राय यह है कि यदि राधा ने श्रीकृष्ण को यथाशीघ्र अपनी ओर उन्मुख नहीं किया, तो उसे प्रियतम की विमुखता को सहना पड़ सकता है, क्योंकि अन्यान्य रूपवती गोपियां उन्हें अपने प्रेमजाल में बांधने को यत्नशील हैं। अतः राधा के लिए शीघ्रता और तत्परता अपेक्षित है, नहीं तो—'समय चूकि पुनि का पछिताने।'

कापि कपोलतले मिलिताऽऽलपितुं किमपि श्रुतिमूले।
चारु चुचुम्ब नितम्बवती दयितं पुलकैरनुकूले,
हरिरिहमुग्धवधूनिकरे विलासिनिविलसतिकेलिपरे ।। 4 ।।

श्रीकृष्ण के वियोग में व्याकुल और उन्हें ढूंढ़ने में आतुर राधा को उसकी सखी श्रीकृष्ण के इधर कहीं समीप में ही होने का संकेत देती हुई कहती है—मेरी भोली राधे ! देखो, कोई एक सुन्दर जघनों वाली गोपी श्रीकृष्ण के कान मे कुछ कहने के बहाने से बड़ी ही चतुरता और कुशलता से उनके रोमाञ्चित गालों का

चुम्बन कर रही है।

सखी के कथन का एक अभिप्राय तो यह है कि राधा के प्रेमी श्रीकृष्ण पर दूसरी गोपियों ने अधिकार कर रखा है, दूसरा अभिप्राय यह है कि श्रीकृष्ण को भी उन गोपियों के साथ रमण करने में आनन्द एवं विलक्षण सुख की अनुभूति हो रही है, तभी तो वे पूरे मनोयोग से उनके साथ विहार कर रहे हैं। इससे राधा के श्रीकृष्ण पर एकाधिकार के अहंकार को चोट लगती है और वह विक्षुब्ध हो उठती है।

केलिकलाकुतुकेन च काचिदमुं यमुनाजलकूले।
मञ्जुलवञ्जुलकुञ्जगतं विचकर्ष करेण दुकूले।
हरिरिहमुग्धवधूनिकरे विलासिनिविलसतिकेलिपरे।।5।।

श्रीकृष्ण की खोज में भटकती राधा को उसकी शुभचिन्तक सखी श्रीकृष्ण द्वारा समीप में ही विभिन्न गोपियों के साथ रमण, विलास एवं विहार सम्बन्धी विभिन्न केलियों को करने की जानकारी देकर उन्हें अपने वश में करने का यथाशीघ्र समुचित उपाय करने की चेतावनी देती हुई कहती है—देखो, कोई एक रूप-यौवनसम्पन्ना मोहिनी गोपी यमुना नदी के किनारे पर स्थित सुहावने बेतों के झुरमुट में घुस गयी है और श्रीकृष्ण के साथ रति-विलास एवं शृंगार-क्रीड़ा करने की कामना से उन्हें वस्त्रों से खींचकर उधर ले गयी है।

गोपी के कथन का अभिप्राय यह है कि किसी भी पुरुष द्वारा सुन्दरियों के निमन्त्रण को ठुकराना और एकव्रती होकर रहना सम्भव नहीं। अतः यदि राधा शीघ्र ही श्रीकृष्ण से नहीं मिलती, तो स्थिति का बिगड़ना और नियन्त्रण से परे होना निश्चित है।

करतलतालतरलवलयावलिकलितकलस्वनवंशे।
रासरसे सहनृत्यपराः हरिणाः युवतिः प्रशशंसे।
हरिरिहमुग्धवधूनिकरे विलासिनिविलसतिकेलिपरे।।6।।

श्रीकृष्ण के वियोग में सन्तप्त और उनकी खोज में भटकती राधा को उसकी सखी समीपवर्ती स्थान में ही श्रीकृष्ण के गोपियों के साथ रास-विलास में मग्न होने की सूचना देती हुई कहती है—राधे ! एक गोपी ने तो श्रीकृष्ण के साथ नाचते हुए तथा उनके नृत्य की लय पर ताल देते हुए श्रीकृष्ण की वंशी की लय में अपने कंगनों की लय को इस कुशलता के साथ मिला दिया है कि श्रीकृष्ण भी उसकी संगीतनिपुणता तथा कलात्मकता की प्रशंसा किये बिना नहीं रह सके।

इस प्रकार राधा को उसकी सखी चेतावनी देती है कि गोपियां केवल रूप

और सौन्दर्य की ही विलक्षण प्रतिमाएं नहीं हैं, अपितु वे कलाकुशल और संगीत-विशारद भी हैं। इससे जहां उनके लिए श्रीकृष्ण को अपना बना लेना कठिन नहीं, वहां श्रीकृष्ण द्वारा उनकी उपेक्षा भी सरल नहीं।

श्लिष्यति कामपि चुम्बति कामपि कामपि रमयति रामाम्।
पश्यति सस्मित चारुपरामपरामनुगच्छति वामाम्।
हरिरिहमुग्धवधूनिकरे विलासिनिविलसतिकेलिपरे ।। 7 ।।

राधा को सचेत-सतर्क करती हुई उसकी सखी उससे कहती है—अरे ! यह तो अनर्थ हो गया। तुम्हारा प्रेमी श्रीकृष्ण तो किसी एक गोपी का आलिंगन करता है, तो किसी दूसरी का चुम्बन करता है, किसी अन्य के साथ विहार करता है, तो अपनी मृदु मुस्कान को बिखेर कर किसी अन्य गोपी का मुख निहारता है और उसके सौन्दर्य का रस-पान करता है तथा किसी अन्य सुन्दरी के स्पर्श-सुख की इच्छा से उसके पीछे-पीछे भागता है।

इस प्रकार विभिन्न गोपियों के साथ भिन्न-भिन्न रति-चेष्टाएं करके श्रीकृष्ण विलक्षण सुख की अनुभूति प्राप्त कर रहे हैं। राधा के लिए यह भयंकर एवं दुःखद स्थिति है।

श्रीजयदेवकवेरिदमद्भुतकेशवकलितरहस्यम्।
वृन्दावनविपिने ललितं वितनोतु शुभानि यशस्यम्।
हरिरिहमुग्धवधूनिकरे विलासिनिविलसतिकेलिपरे ।। 8 ।।

जयदेव कवि की कामना है कि भगवान् श्रीकृष्ण की वृन्दावन में की गयी मोहक लीला का किया गया भक्ति भावात्मक (ऊपर से शृंगारी दिखने वाला वर्णन वास्तव में मधुरा भक्ति का ही चित्रण है।) यह गान भक्तों को सुखदायक और उनके यश में वृद्धि करने वाला हो।

कवि के कथन का अभिप्राय यह है कि उसके द्वारा रचित श्रीकृष्ण की गोपियों के साथ विलास-लीला ऊपर से शृंगारपरक भले ही प्रतीत हो, परन्तु वास्तव में वह भक्ति के तत्त्व को रहस्य रूप में छिपाये हुए है, अर्थात् कवि का यह वर्णन भक्ति (मधुरा) भावपूर्ण है और इस भाव से इस स्तोत्र का गान करने वालों को न केवल रसानुभूति का सुख-लाभ होगा, अपितु लोक में उनके यश का भी प्रसार-विस्तार होगा।

आगे के दो पद्यों में कवि ने राधा की सखी द्वारा, गोपियों के साथ श्रीकृष्ण के मोहक आनन्द विहार करने का और तीसरे पद्य में राधा द्वारा श्रीकृष्ण को अपनी बांहों में समेटते और उनका मुख चूमते हुए उन पर अपने एकाधिकार

के घोष का वर्णन किया है।

सखी द्वारा श्रीकृष्ण की अन्य में अनुरक्ति का वर्णन

विश्वेषामनुरञ्जनेन जनयन्नानन्दमिन्दीवर-
श्रेणीश्यामलकोमलैरुपनयन्नङ्गैरनङ्गोत्सवम्।
स्वच्छन्दं व्रजसुन्दरीभिरभितः प्रत्यङ्गमालिङ्गितः,
शृङ्गारः सखि मूर्तिमानिव मधौ मुग्धो हरिः क्रीडति ।।1।।

श्रीकृष्ण के वियोग में तपती और उनकी खोज में भटकती राधा को उसकी सखी समीप ही यमुनातट पर गोपबालाओं के साथ श्रीकृष्ण के रास-विलास में मग्न होने की जानकारी देती हुई कहती है—राधिके ! तुम्हारा प्रियतम श्रीकृष्ण मूर्तिमान् शृंगार के समान अपने सौन्दर्य, अनुराग तथा सम्मोहन से सारे संसार को विलक्षण रूप से आनन्दनिमग्न करता हुआ, नीलकमल के समान अपने कोमल अंगों से गोपबालाओं के मन में सुप्त कामभाव को जगाकर उन्हें धृष्ठ बनने (कामक्रीड़ा के लिए पहल करने के रूप में लज्जा को त्यागने) के लिए विवश-सा करता हुआ और फिर अपने मन को भाने वाली गोपस्त्रियों को अपनी इच्छा से अपने आलिंगन में लेता हुआ इस मादक वसन्त ऋतु में स्वच्छन्द विहार कर रहा है।

अद्योत्संगवसद्भुजङ्गकवलक्लेशादिवेशाचल-
त्प्रालेयप्लवनेच्छयानुसरति श्रीखण्डशैलानिलः।
किञ्चित्स्निग्धरसालमौलि-कुसुमान्यालोक्य हर्षोदया-
दुन्मीलन्ति कुहुः कुहूरिति मुहुस्ताराः पिकानां गिरः ।।2।।

वसन्त ऋतु की मादकता का वर्णन करती हुई राधा की सखी राधा से कहती है—प्रिय सखी राधे ! इस वसन्त ऋतु में प्रवाहित होने वाला वायु अत्यन्त ही सुगन्धित और शीतल है। मलय पर्वत से चलने वाला पवन, मानो चन्दन के वृक्षों के मूल में रहने वाले सर्पों के मुखों में प्रविष्ट होने से पीड़ित होकर अपनी पीड़ा को मिटाने के लिए बर्फ़ से ढके हिमालय की ओर जा रहा है।

(मलय पर्वत से हिमालय की ओर चलने वाले वायु के सम्बन्ध में कवि की कल्पना दर्शनीय है। कवि के अनुसार यह वायु अपने में मिले सर्पविष को निष्प्रभावी बनाने की इच्छा से बर्फ़ में स्नान करने को उधर जा रहा है।)

वसन्त की मादकता एवं मोहकता के एक अन्य रूप का वर्णन करता हुआ

कवि कहता है—आम्र एवं बकुल की कोमल मञ्जरियों (गुच्छों) को देखकर कोयलें आनन्द-विह्वल होकर कुहू-कुहू करती हुई मनोरम गीत गा रही हैं।

अतः ऐसी मोहक-मादक वसन्त ऋतु में श्रीकृष्ण का गोपियों के आकर्षण में फंसना स्वाभाविक ही है।

रासोल्लासभरेण विभ्रमभृतामाभीरवामभ्रुजा-
मभ्यर्णं परिरभ्य निर्भरमुरः प्रेमान्धया राधया।
साधु त्वद्वदनं सुधामयमिति व्याहृत्य गीतस्तुति-
व्याजादुद्भटचुम्बितः स्मितमनोहारी हरिः पातु वः।।3।।

अपनी सखी से अपने प्रियतम के दूसरी गोपबालाओं के संग रास-विलास में मग्न होने की सूचना पाकर प्रेम में विह्वल हुई राधा ने रास-विलास के आनन्द में डूबी सभी गोपबालाओं के सामने ही श्रीकृष्ण को अपनी भुजाओं में लेकर उनका प्रगाढ़ आलिंगन किया और—आपका मुख तो चन्द्रमा के समान बड़ा ही शीतल और अमृत के समान मधुर, रोचक-मोहक एवं आकर्षक है। आप तो इतना मीठा गाते हैं कि कानों में मिसरी घोल देते हैं—इस प्रकार के वाक्यों द्वारा श्रीकृष्ण के गायन की प्रशंसा के व्याज से उनके मुख को अपने हाथों में दृढ़ता से समेटकर उसे चूम लिया।

अपनी मोहक मुसकान से दूसरों के चित्त को चुराने वाले श्रीकृष्ण राधा की आलिंगन-चुम्बन जैसी निपुण, उद्दण्ड, परन्तु अधिकारपूर्ण चेष्टाओं पर मुसकरा दिये। भगवान् श्रीकृष्ण की यह सरल एवं मोहक मुसकराहट भक्तों का मंगल करने वाली तथा उन्हें सुख देने वाली सिद्ध हो।

।। सामोद दामोदर नामक प्रथम सर्ग समाप्त।।

द्वितीय सर्ग

[अक्लेशकेशव नामक सर्ग]

विहरति वने राधा साधारप्रणये हरौ,
विगलित निजोत्मर्षादीर्ष्यावशेन गतान्यतः।
क्वचिदपि लताकुञ्जे गुञ्जन्मधुव्रतमण्डली-
मुखरशिखरे लीना दीनाप्युवाच रहः सखीम्।। 1 ।।

सुरम्य वृन्दावन में सभी गोपबालाओं के साथ श्रीकृष्ण को तन्मय होकर सानन्द रास-विलास करता देखकर राधा के मन में कोप और ईर्ष्या के भाव इस तीव्रता से जाग्रत् हुए कि उसे यह पक्का विश्वास हो गया कि अब उसका सौभाग्य-सूर्य अस्त हो गया है, अर्थात् अब उसका प्रियतम श्रीकृष्ण उसे पहले जैसा विशिष्ट स्थान एवं अतिरिक्त सम्मान नहीं देता। बस, फिर क्या था, क्रोध से उफनती राधा गुनगुनाते भ्रमरों के झुण्डों से घिरे हुए वृक्षों और लताओं से ढके एक लताकुञ्ज में जाकर छिप गयी और करुणा से विह्वल होकर उस एकान्त में मौन रुदन करती हुई अपनी एक प्रिय एवं विश्वस्त सखी से अपने मन की व्यथा का वर्णन (अष्टपदी में) इस प्रकार से करने लगी।

राधा का सखी से अपनी विरह-व्यथा का वर्णन

सञ्चरदधरसुधामधुरच्छविमुखरितमोहनवंशम्,
चलितदृगञ्चलचञ्चलमौलिकपोलविलोलवतंसम्।
रासे हरिमिह विहितविलासम्,
स्मरति मनो मम कृतपरिहासम्।। ध्रुवपद ।। 1 ।।

मौन रुदन करती हुई राधा अपनी एक अन्तरंग सखी से बोली—प्रिय सखि ! अमृत से भी कहीं अधिक मादक तथा अधर-रस से भी कहीं अधिक ललित एवं मधुर, अपनी ध्वनि से सारे लोकों को मोहित करने वाली वंशी को बजाने वाले,

वंशी बजाते समय चञ्चल कटाक्ष करने वाले, हिलते मुकुट एवं कुण्डलों से अत्यन्त मोहक लगने वाले तथा सदैव रास में मेरे साथ हास-परिहास करने वाले विलासप्रिय श्रीकृष्ण के संग के लिए मेरा आतुर मन अत्यन्त उत्सुक एवं आकुल-व्याकुल हो रहा है। मुझे यह देखकर दुःख हो रहा है कि मेरा वह चितचोर मेरी उपेक्षा करके अन्यान्य गोपबालाओं के साथ रास-विलास कर रहा है।

इस प्रकार राधा ईर्ष्याजनित क्षोभ, क्रोध और दुःख के साथ-साथ वियोग की व्यथा से अपने को अत्यन्त दुखी एवं पीड़ित अनुभव कर रही है तथा सखी को यह सब बताकर उससे इसका कुछ उपचार करने की अपेक्षा कर रही है।

चन्द्रकचारुमयूरशिखण्डकमण्डलवलयितकेशम्।
प्रचुर-पुरन्दरधनुरनुरञ्जितमेदुरमुदिरसुवेशम्।
रासे हरिमिह विहितविलासम्,
स्मरति मनो मम कृतपरिहासम्।। 2।।

ब्रजबालाओं के साथ श्रीकृष्ण के रास-विलास करने को अपनी उपेक्षा एवं अपना दुर्भाग्य मानकर ईर्ष्या एवं क्रोध से उफनती राधा श्रीकृष्ण और गोपबालाओं से अलग होकर तथा किसी एक गुप्त एवं एकान्त स्थल पर आकर अपनी प्रिय एवं विश्वस्त सखी से अपनी व्यथा-कथा कहती हुई बोली—

हे सखि! इन्द्रधनुषों के समान रंग-बिरंगे मोरपंखों से अपने केशों को ढकने से मेघमण्डल के समान मोहक एवं आकर्षक लगने वाले श्रीकृष्ण के संग के लिए मेरा मन तड़प रहा है, परन्तु दुःख की बात यह है कि वह छलिया तो मेरी उपेक्षा करके अन्य स्त्रियों के साथ नाचने-गाने में मस्त है। लगता है कि उसे तो मेरी चिन्ता ही नहीं। इस स्थिति में मैं करूं, तो क्या करूं? इसे अपना दुर्भाग्य न कहूं, तो और क्या कहूं?

गोपकदम्बनितम्बवतीमुखचुम्बनलम्भितलोभम्।
बन्धुजीवमधुराधरपल्लवमुल्लसितस्मितशोभम्।
रासे हरिमिह विहितविलासम्,
स्मरति मनो मम कृतपरिहासम्।। 3।।

अपने प्रियतम श्रीकृष्ण के अन्य गोपियों के साथ रास करने से क्षुब्ध हुई राधा श्रीकृष्ण को छोड़कर एकान्त में आयी तथा वियोग-व्यथा से तपती हुई अपनी सखी से बोली—प्रिय सखि! गोपवधुओं के मुखों को चूमने से मध्याह्न (दोपहर) के गुलाब के पुष्पों के समान लाल-लाल हुए अपने अत्यन्त कोमल ओष्ठों से मुसकराहट बिखेरते एवं अत्यन्त सुशोभित एवं मनमोहक लगते श्रीकृष्ण के संग

के लिए मैं बुरी तरह से तड़प रही हूं, परन्तु श्रीकृष्ण के अन्य गोपियों के साथ क्रीड़ारत होने से मुझसे उनके समीप जाते नहीं बनता। इस स्थिति में मैं अब करूं भी, तो क्या करूं? मेरी तो कुछ समझ में ही नहीं आता।

विपुलपुलकभुजपल्लववलयितवल्लवयुवतिसहस्रम्।
करचरणोरसि मणिगणभूषणकिरणविभिन्नतमिस्रम्।
रासे हरिमिह विहितविलासम्,
स्मरति मनो मम कृतपरिहासम्।। 4।।

श्रीकृष्ण को अन्य गोपियों के साथ रास-विलास में मग्न देखकर क्षुब्ध हुई राधा एकान्त स्थल—लताकुञ्ज—में आकर अपनी सखी से श्रीकृष्ण से अपने मिलन की उत्कट इच्छा का वर्णन करती हुई कहती है—नवीन पत्तों (कोंपलों) के समान अपनी कोमल, पुलकित एवं विशाल भुजाओं से सहस्रों गोपबालाओं का आलिंगन करने वाले तथा अपने हाथों, पैरों और छाती पर धारण किये हुए आभूषणों में जड़े रत्नों की प्रभा से अन्धकार का विनाश करने वाले तथा आंखों को चुंधियाने वाले, प्रकाश को बिखेरने वाले श्रीकृष्ण से मिलन के लिए मैं अत्यन्त ही उत्सुक एवं आतुर हूं।

राधा की विह्वलता एवं विवशता का कारण श्रीकृष्ण का गोपवधुओं के साथ नृत्य-गान में मग्न होना है। राधा को अपने प्रियतम श्रीकृष्ण पर अपना एकाधिकार न रख पाने की विफलता खटकती है। वह अपनी सखी से श्रीकृष्ण को गोपियों से विलग करने की युक्ति निकालने का अनुरोध करती है।

जलदपटलचलदिन्दुविनिन्दकचन्दनतिलकललाटम्।
पीनपयोधरपरिसरमर्दननिर्दयहृदयकपाटम्।
रासे हरिमिह विहितविलासम्,
स्मरति मनो मम कृतपरिहासम्।। 5।।

अपने प्रियतम श्रीकृष्ण को अन्यान्य गोपियों में अनुरक्त देखकर क्षुब्ध और रूठी हुई राधा एकान्त लताकुञ्ज में आकर अपने दुर्भाग्य पर रोती हुई अपनी सखी से कहती है—प्रिय सखि! अपने मस्तक पर मेघ-घटाओं के मध्य छिपे चन्द्रमा को भी तिरस्कृत करने वाले, चन्दन का तिलक धारण करने वाले तथा गोपियों के उन्नत (उठे हुए एवं कठोर) स्तनों के अग्रभाग (चूचुकों) का मर्दन करने में कठोरता बरतने वाले, अर्थात् कुचों का खूब जमकर मर्दन करके गोपियों को कामविह्वल बनाने वाले श्रीकृष्ण को पाने के लिए मेरा मन मचल रहा है। मैं श्रीकृष्ण के भुजपाश में बंधने के लिए आकुल-व्याकुल हो रही हूं। अतः प्रिय सखि!

तुम हमारे संयोग का शीघ्र ही कोई उपाय ढूंढ़ निकालो।

टिप्पणी : (1) श्रीकृष्ण का वर्ण मेघों के वर्ण जैसा है और उनके मस्तक पर चन्दन का तिलक चन्द्रमा के समान है। इसी से तिलक की तुलना मेघों में छिपे चन्द्रमा से की गयी है।

(2) स्त्रियां कामक्रीड़ा में पुरुषों द्वारा अपने स्तनों तथा स्तनों के चूचुकों का कठोरता से मसला जाना पसन्द करती हैं, क्योंकि इससे उनकी भोगेच्छा उत्तेजित होती है और फिर उन्हें रतिक्रिया में विलक्षण सुख की अनुभूति होती है। स्त्रियां अपने कुचों के मर्दन में कठोरता न बरतने वाले पुरुषों से विमुख ही नहीं हो जाती हैं, अपितु उनसे घृणा भी करने लगती हैं। इसी सन्दर्भ में राधा ने श्रीकृष्ण की रतिकला में निपुणता की प्रशंसा की है।

मणिमयमकरमनोहरकुण्डलमण्डितगण्डमुदारम्।
पीतवसनमनुगतमुनिमनुजसुरासुरवरपरिवारम्।
रासे हरिमिह विहितविलासम्,
स्मरति मनो मम कृतपरिहासम्।। 6।।

श्रीकृष्ण को गोपियों के साथ रास करता देखकर राधा ईर्ष्या से जल उठती है और वह श्रीकृष्ण को छोड़कर एकान्त में लताकुञ्ज के भीतर जा छिपती है। वहां अपनी सखी से श्रीकृष्ण द्वारा की गयी अपनी उपेक्षा के दुःख का तथा उनसे मिलन की अपनी उत्सुकता का वर्णन करती हुई कहती है—प्रिय सखि ! पन्ना आदि मणियों से जड़े तथा मकर की आकृति वाले कुण्डलों को धारण करने से, उनसे निकलती प्रभा से देदीप्यमान कपोलों वाले, पीत वस्त्रों से बिजली की छटा बिखेरने वाले तथा देवों, मनुष्यों और दैत्यों द्वारा सदैव सेवा-अर्चना किये जाने वाले श्रीकृष्ण के संयोग के लिए मेरा मन तड़प रहा है। मैं सच्चे अन्तःकरण से श्रीकृष्ण से प्रेम करती हूं और उन्हें पाने के लिए उत्सुक हूं। तुम हमारे संयोग की कोई सार्थक युक्ति सोचो।

विशदकदम्बतले मिलितं कलिकलुषभयं शमयन्तम्।
मामपि किमपि तरङ्गदनङ्गदृशा मनसा रमयन्तम्।
रासे हरिमिह विहितविलासम्,
स्मरति मनो मम कृतपरिहासम्।। 7।।

अपने प्रियतम श्रीकृष्ण को गोपियों के साथ रास करता देखकर राधा इसे श्रीकृष्ण द्वारा अपनी उपेक्षा और अपना अपमान मानती है। अतः वह रूठकर एकान्त लताकुञ्ज में जा छिपती है। वहां वह अपनी सखी के सामने रोती हुई

कहती है—प्रिय सखि ! मैं श्रीकृष्ण से रूठकर इधर आ अवश्य गयी हूं, परन्तु मेरा मन उनमें ही रमा हुआ है। सुन्दर कदम्ब वृक्ष के नीचे खड़े, कलियुग के पापों-तापों का हरण करने वाले, सब प्रकार के भय-संकटों से छुटकारा दिलाने वाले, कटाक्षों से मन को लुभाने वाले तथा हृदय से मुझे चाहने एवं मुझसे अनुराग करने वाले श्रीकृष्ण को भूलना मेरे लिए सम्भव नहीं। अतः मेरा निवेदन है कि तुम यथाशीघ्र हमारे संयोग का कोई उपाय ढूंढ़ने का प्रयास करो।

श्रीजयदेवभणितमतिसुन्दरमोहनमधुरस्वरूपम्।
हरिचरणस्मरणं प्रति सम्प्रति पुण्यवतामनुरूपम्।
रासे हरिमिह विहितविलासम्,
स्मरति मनो मम कृतपरिहासम्।। 8।।

कविप्रवर जयदेव की कामना है कि उनके द्वारा रचित राधा की सच्ची अनुरक्ति एवं श्रीकृष्ण की शोभा का ज्ञापक यह अत्यन्त सरस, रोचक तथा आकर्षक (आठ श्लोकों में निबद्ध) स्तोत्र श्रीकृष्ण के चरणों में अनुराग रखने वाले तथा उनका स्तुतिगान करने वाले पुण्यात्मा भक्तों के लिए सुख, शान्ति और आनन्द प्रदान करने वाला हो।

राधा द्वारा सखी से श्रीकृष्ण को न छोड़ पाने का वर्णन

श्रीकृष्ण के प्रति अनन्यभाव से अनुरक्त और आसक्त राधा श्रीकृष्ण से वियुक्त होकर स्वस्थ-कुशल न रह पाने की अपनी विवशता का वर्णन करती हुई अपनी सखी से कहती है—

गणयति गुणग्रामं भ्रामं भ्रमादपि नेहते,
वहति च परितोषं दोषं विमुञ्चति दूरतः।
युवतिषु चलत्तृष्णे कृष्णे विहारिणि मां बिना,
पुनरपि मनो वामं कामं करोति करोमि किम्।। 1।।

हे मेरी प्रिय सखि ! यद्यपि आज श्रीकृष्ण मेरे गुणों की उपेक्षा करके भूलकर भी मेरी ओर नहीं देखता और अन्यान्य गोपबालाओं के साथ रासलीला करता है, तथापि मेरा चित्त मेरे वश में नहीं, वह फिर भी उन्हें ही चाहता है और उनके संग में ही सुख की अनुभूति करता है। वह तो क्षण-प्रतिक्षण उनके रूप-सौन्दर्य का तथा उनके गुणों का ही चिन्तन-स्मरण करता है। मेरा चित्त तो श्रीकृष्ण के

किसी दोष के अंश को भी देखने को प्रस्तुत नहीं और भूलकर भी उन्हें भुलाना नहीं चाहता, वह तो उन्हें भुलाने की सोच तक नहीं पाता। वह तो उनके गुण-श्रवण और महिमा के कीर्तन में ही सुख की अनुभूति करता है।

प्रिय सखि ! अपने मन के आगे विवशता की इस स्थिति में मैं क्या करूं? अपने चित्त के आगे मेरा वश नहीं चलता, मैं सर्वथा और पूर्णतः विवश हूं। अतः हे सखि ! तुम किसी प्रकार उनसे मेरे मिलन की व्यवस्था करो, जिससे मैं इस दुःख से मुक्त हो सकूं।

राधा द्वारा सखी से मिलन-व्यवस्था करने का अनुरोध

निम्नोक्त अष्टपदी में श्रीकृष्ण से अपने मिलन की व्यवस्था करने का सखी से अनुरोध करती हुई राधा अपनी विरह-वेदना को बड़े ही मार्मिक ढंग से वाणी देती है—

निभृतनिकुञ्जगृहं गतया निशि रहसि निलीय वसन्तम्,
चकितविलोकितसकलदिशा रतिरभसभरेण हसन्तम्।
सखि हे केशिमथनमुदारं रमय मया सह,
मदन मनोरथभावितया सविकारम् ।। ध्रुवपद ।। 1 ।।

एकान्त लतागृह में चुपचाप आकर मुझ दुखिनी का साथ निभाने वाली मेरी प्यारी सखि ! देखो, रात्रि के समय मेरे साथ छिपकर रहने में आनन्द का अनुभव करने वाले, चकित भाव से चारों ओर देखने वाले, अर्थात् एकान्त को सुनिश्चित करने वाले, रति के उत्साह से उल्लसित होकर अपनी मुसकराहट को बिखेरने वाले, केशि जैसे बलवान् दैत्य का मथन करने वाले तथा साथ ही अत्यन्त उदार, अर्थात् अपने जनों की भूलों-ग़लतियों को मन में न रखने वाले श्रीकृष्ण से मेरा संयोग करा दो। मैं उनके साथ रमण करने के लिए अत्यधिक व्याकुल हूं।

राधा ने श्रीकृष्ण को सुन्दर तथा रति-विलास का इच्छुक होने के साथ-साथ बलवान् और उदार भी बताया है, जिसका अभिप्राय यह है कि वह प्रेमिका के अपराधों को अनदेखा कर देता है और शीघ्र ही रमण के लिए उद्यत हो जाता है और फिर शक्तिशाली होने से प्रेमिका को रतिक्रिया में आनन्दविभोर भी कर देता है।

प्रथमसमागमलज्जितया पटुचाटुशतैरनुकूलम्,
मृदुमधुरस्मितभाषितया शिथिलीकृतजघनदुकूलम्।
सखि हे केशिमथनमुदारं रमय मया सह,
मदन मनोरथभावितया सविकारम्।।2।।

श्रीकृष्ण के साथ अपने संयोग के क्षणों के सुखद अनुभव का निर्लज्ज भाव से वर्णन करती हुई राधा अपनी सखी से कहती है—जब मेरा श्रीकृष्ण से प्रथम बार समागम हुआ, तो मैं कोमल और मधुरभाषिणी होती हुई भी लज्जा के कारण उनके मोहक आलापों का उत्तर न दे सकी। इस पर मोहक चेष्टाओं को करने वाले उन श्रीकृष्ण ने मेरे रूप-सौन्दर्य और गुणों की प्रशंसा करते हुए बड़ी चातुरी से मेरे जघनों से मेरी साड़ी को खींचकर उतार दिया।

हे सखि ! इस प्रकार मदोन्मत्त करने वाले बलवान् केशि जैसे दैत्य का वध करने वाले श्रीकृष्ण से मुझे शीघ्र ही मिला दो न ! उनसे मिले बिना मेरे चित्त को चैन नहीं मिल सकता।

किसलयशयननिवेशितया चिरमुरसि ममैव शयानम्,
कृतपरिरम्भणचुम्बनया परिरभ्य कृताधरपानम्।
सखि हे केशिमथनमुदारं रमय मया सह,
मदन मनोरथभावितया सविकारम्।।3।।

श्रीकृष्ण के साथ अपने प्रथम समागम के अनुभव के स्मरण से पुलकित और मिलन के लिए उत्सुक राधा अपनी सखी से अनुरोध करती हुई बोली—मेरी साड़ी को उतारने के उपरान्त श्रीकृष्ण ने धरती पर कोमल-कोमल और नवीन पत्तों की शैया बनायी और मुझे उस पर लिटा दिया। फिर मेरी छाती पर ही लेटकर बहुत देर तक वह मुझसे मीठी-मीठी बातें करते रहे। कुछ देर के पश्चात् पलटकर वह मेरे साथ सो गये और मुझे खूब कसकर बड़ी देर तक मेरा प्रगाढ़ आलिंगन और चुम्बन करते रहे। इसके उपरान्त वह मेरे अधरों का रस पीने लगे।

सखि ! रति-विलास में कुशल तथा बलवान् (केशि दैत्य के मर्दक) श्रीकृष्ण से मिलने के लिए मैं तड़प रही हूं। शीघ्रता से मिलने का कोई उपाय करो न !

अलसनिमीलितलोचनया पुलकावलिललितकपोलम्,
श्रमजलसिक्तकलेवरया वरमदनमदादतिलोलम्।
सखि हे केशिमथनमुदारं रमय मया सह,
मदन मनोरथभावितया सविकारम्।।4।।

श्रीकृष्ण के संग में भोगे सुख के स्मरणमात्र से हर्षोत्फुल्ल राधा अपनी सखी से अपने को श्रीकृष्ण से मिलाने के किसी सार्थक उपाय को करने का निवेदन करती हुई बोली—प्रिय सखि ! रतिजनित श्रम से उत्पन्न आलस्य से जब मेरी आंखें मुंद गयीं और श्रमबिन्दुओं (पसीने की बूंदों) से मेरा सारा शरीर भीग गया, तो उस समय रोमाञ्चित होने से फड़कते गालों वाले तथा कामदेव के मद से विह्वल श्रीकृष्ण ने मेरे साथ जिस प्रकार बलपूर्वक रतिभोग किया, उससे मैं आनन्दविभोर हो गयी। उस आनन्द की स्मृति मुझे श्रीकृष्ण की भुजाओं में बंधने को विवश कर रही है। अतः हे सखि! तुम कुछ ऐसा करो कि जिससे बलशाली (केशि दैत्य का वध करने में समर्थ) प्रियतम से मेरा शीघ्र संयोग हो जाये और मैं वियोग की इस विषम व्यथा से मुक्त होकर शान्ति का अनुभव कर सकूं।

कोकिलकलरवकूजितया जितमनसिजतन्त्रविचारम्,
श्लथकुसुमाकुलकुन्तलया नखलिखितघनस्तनभारम्।
सखि हे केशिमथनमुदारं रमय मया सह,
मदन मनोरथभावितया सविकारम्।।5।।

श्रीकृष्ण के साथ रतिभोग के आनन्द का स्मरण करने से उल्लसित राधा अपनी सखी से बोली—देवि ! श्रीकृष्ण के साथ रतिविलास करते समय अनायास मेरे मुख से कोयल की कूकू के समान सी-सी की मधुर ध्वनि निकल पड़ी थी और भली प्रकार से बंधा मेरा जूड़ा प्रियतम के साथ हुए रतियुद्ध में एकदम ढीला होकर बिखर गया था। उस क्षण का आनन्द मुझसे समेटा नहीं जा रहा था। कामक्रीड़ा में मुझ कामिनी को जीतने वाले और मेरे कुचों पर अपने नाखूनों के चिह्न के रूप में अपनी विजय को अंकित करने वाले बलवान् श्रीकृष्ण से मेरे मिलन की शीघ्र व्यवस्था करो, नहीं तो मेरे लिए जीना कठिन हो जायेगा।

चरणरणितमणिनूपुरया परिपूरितसुरतवितानम्,
मुखरविशृङ्खलमेखलया सकचग्रहचुम्बनदानम्।
सखि हे केशिमथनमुदारं रमय मया सह,
मदन मनोरथभावितया सविकारम्।।6।।

रतिक्रीड़ा के समय अपने प्रियतम श्रीकृष्ण द्वारा की गयी मनोरम चेष्टाओं का स्मरण करके उनसे मिलने को उत्सुक राधा अपनी सखी से बोली—प्रिय सखि, अपने प्रियतम के साथ रति-भोग में प्रवृत्त होने पर मेरे पैरों में पहने आभूषणों में जड़े घुंघरुओं के तथा करधनी में बंधे घुंघरुओं के बजने से निकलती ध्वनि हम दोनों को अत्यन्त ही मोहित करती थी। रतिक्रीड़ा में प्रवृत्त श्रीकृष्ण रति-भोग

के विस्तार को परिपूर्ण करने की इच्छा से मुझे जूड़े से पकड़कर तथा अपने और अधिक समीप खींचकर जिस प्रकार चुम्बन लेते थे, उनका वह ढंग मुझे बड़ा ही प्रिय एवं रुचिकर लगता था। हे सखि! रतिविलास में कुशल एवं बलशाली मेरे उस प्रियतम से मेरा शीघ्र मिलन करा दो। उनके वियोग में मुझे जीना असह्य हो रहा है।

रतिसुखसमयरसालसया दरमुकुलितनयनसरोजम्,
निःसहनिपतिततनुलतया मधुसूदनमुदितमनोजम्।
सखि हे केशिमथनमुदारं रमय मया सह,
मदन मनोरथभावितया सविकारम्।। 7।।

श्रीकृष्ण के संग भोगे रतिसुख के स्मरण से पुलकित तथा उस सुख को फिर से भोगने के लिए आकुल राधा अपनी सखी से अनुरोध करती हुई बोली—प्रिय सखि! प्रियतम के साथ रतिसुख के भोग के समय अनुभूत आनन्द से मेरी काया अलसा गयी थी, मैं बिलकुल ही निढाल हो गयी थी। मेरी सुन्दर-सलोनी देह पतझड़ आने पर मुरझायी लता के समान हो गयी थी। कमल के समान विशाल मेरे नयन मुंदने लगे थे। ऐसे क्षणों में अपनी भुजाओं में मुझे बांधकर और मेरे नयनों पर अपने चुम्बनों की बौछार करके मेरे प्रियतम ने मुझे निढाल कर दिया था। रतिकला के ऐसे निपुण एवं बलवान् पण्डित मेरे प्रियतम श्रीकृष्ण से मिलने को मेरा मन अकुला रहा है। तुम इसकी शीघ्र व्यवस्था करो।

श्रीजयदेवभणितमिदमतिशयमधुरिपुनिधुवनशीलम्,
सुखमुत्कण्ठितगोपवधूकथितं वितनोतु सलीलम्।
सखि हे केशिमथनमुदारं रमय मया सह,
मदन मनोरथभावितया सविकारम्।। 8।।

उत्कण्ठिता राधा के द्वारा श्रीकृष्ण को रतिकला के पूर्ण निपुण बताने वाला तथा श्रीकृष्ण के साथ उसके रतिविलास के भोगे अत्यन्त मादक क्षणों की स्मृति के व्याज से उन्हें प्रकाश में लाने वाला, जयदेव कवि द्वारा रचित यह अष्टपदी वाला काव्य सहृदय पाठकों को सुख देने वाला हो।

राधा द्वारा श्रीकृष्ण से अपने अनन्य अनुराग का वर्णन

हस्तस्रस्तविलसवंशमनृजुभ्रूवल्लिवद्वल्लवी,
वृन्दोत्सारिदृगन्तवीक्षितमतिस्वेदार्द्रगण्डस्थलम्।

मामुद्वीक्ष्य विलज्जितस्मितसुधीमुग्धाननं कानने,
गोविन्दं ब्रजसुन्दरीगणवृतं पश्यामि हृष्यामि च ।। १ ।।

राधा अपनी सखी से श्रीकृष्ण में अपनी एकान्त, अनन्य और गहन अनुरक्ति का वर्णन करती हुई उसे यह भी बताती है कि जितना वह श्रीकृष्ण को प्रेम करती है, उतना ही श्रीकृष्ण भी उससे प्रेम करते हैं। इसके अतिरिक्त राधा श्रीकृष्ण को अनेक गोपियों से घिरा देखकर प्रसन्न होती है कि उसका प्रियतम सचमुच बहुतों के मन का हरण करने वाला है। इसी तथ्य को वाणी देती हुई राधा कहती है—

मुझे देखते ही अपने हाथों से गिरती अपनी प्यारी वंशी को न संभाल पाने वाले, तिरछी चितवन वाले, कटाक्ष करती अनेक रूपवती गोपियों से चारों ओर से घिरे, उनके घेरे से बाहर न निकल पाने वाले तथा झलकते श्रमबिन्दुओं से गीले और लुभावने गालों वाले श्रीकृष्ण को देखकर मुझे सचमुच बड़ा ही सुख मिल रहा है।

दुरालोकस्तोकस्तबकनवकाशोकलतिका,
विकासः कासारोपवनपवनोऽपि व्यथयति।
अपि भ्राम्यद् भृङ्गीरणितरमणीयान्मुकुलं,
प्रसूतिश्चूतानां सखि ! शिखरिणीयम् सुखयति ।।2।।

प्रेमियों के लिए संयोग में सुखद पदार्थ वियोग में दुःखद हो जाते हैं, इसी तथ्य के अन्तर्गत विरह-व्यथित राधा वसन्त के पुष्पों और शीतल पवन को अपने लिए कष्टकर बताती हुई कहती है—प्रियतम के वियोग में सुन्दर, मोहक और लाल-हरे पत्तों वाली अशोक की बेलों के छोटे-छोटे गुच्छों के विकसित एवं मनोरम रूप को देखना भी बड़ा दुःखद लग रहा है। तालाबों से सुशोभित उपवनों से छनकर आता, अर्थात् शीतल एवं सुगन्धित वायु भी सताने-जलाने वाला सिद्ध हो रहा है। इसी प्रकार आम्रवृक्ष की मञ्जरियों पर बैठे भ्रमरों का मधुर-मादक संगीत भी कानों पर चोट करने वाला सिद्ध हो रहा है।

हे सखि ! संयोग में सुख देने वाला अशोक वृक्ष, शीतल, मन्द, सुगन्धित वायु तथा भ्रमरों का गान आदि सब कुछ श्रीकृष्ण के वियोग में जलाने और दुःख देने वाला बन गया है।

साकूतस्मितमाकुलाकुलगलद्धम्मिल्लमुल्लासित-
भ्रूवल्लीकमलीकदर्शितभुजामूलार्द्धदृष्टस्तनम्।
गोपीनां निभृतं निरीक्ष्य दयितं काञ्चिच्चिरं चिन्तय-
न्नन्तर्मुग्धमनोहरो हरतु वः क्लेशं नवः केशवः।।3।।

अभिप्राय-विशेष से प्रियतम का ध्यान अपनी ओर खींचने वाली, प्रियतम को अपने सौन्दर्य के पाश में बांधकर मुसकराने वाली, प्रियतम के साथ रासविहार करने से अस्त-व्यस्त हो गये केशपाश (जूड़ा) वाली, लता के समान कोमल एवं मोहक भौंहों वाली तथा अपनी भुजाओं को बांधने और खोलने के बहाने से अपने प्रियतम को अपने उन्नत स्तनों को दिखाकर उन्हें मोहित करने वाली गोपिकाओं के भावों को समझकर उनमें से कभी किसी एक से, तो कभी किसी दूसरी से प्रणय चेष्टाओं—दीर्घकाल तक देखना, चुम्बन तथा आलिंगन करना आदि—को करने वाले मोहक एवं चित्तचोर श्रीकृष्ण आप (पाठकों) के क्लेशों का हरण करें।

।। अक्लेशकेशव नामक द्वितीय सर्ग समाप्त ।।

तृतीय सर्ग

[मुग्ध मधुसूदन नामक सर्ग]

श्रीकृष्ण द्वारा राधा को अपनाने का वर्णन

कंसारिरपि संसारवासनाबद्धश्रृङ्खलाम्।
राधामाधाय हृदये तत्याज व्रजसुन्दरीः।।1।।

संसार की वासनाओं को बांधने वाली शृंखला-रूप, अर्थात् लौकिक विषयों से चित्त को निवृत्त कर उसे पवित्र भावनाओं से ओत-प्रोत करने वाली राधा की अपने में अनन्य अनुरक्ति और आसक्ति को देखकर कंस का वध करने वाले श्रीकृष्ण ने भी राधा से रमण करने का अपना मन बनाकर अन्यान्य सभी ब्रजबालाओं का संग छोड़ दिया, अर्थात् समर्थ श्रीकृष्ण सभी गोपस्त्रियों को छोड़कर राधा को ढूंढ़ने में लग गये।

इस प्रकार राधा की साधना सफल हुई। श्रीकृष्ण ने राधा की अनन्य अनुरक्ति और विरहविह्वलता को समझ लिया, फिर वे भी उसका संग पाने को उत्सुक हो उठे।

इतस्ततस्तामनुसृत्य राधिकामनङ्गबाणव्रणखिन्नमानसः।
कृतानुतापः स कलिन्दनन्दिनी तटान्तकुञ्जे निषसाद माधवः।।2।।

अपने में राधा के निश्छल एवं समग्र भाव के समर्पण से प्रसन्न श्रीकृष्ण राधा को इधर-उधर उसके घूमने-फिरने के स्थलों में ढूंढ़ने लगे, परन्तु उन्हें राधा कहीं दिखाई नहीं दी। इससे कामदेव के बाणों से घायल, उद्विग्न, थके-मांदे तथा उदास श्रीकृष्ण पश्चात्ताप (पहले ही राधा को क्यों न अपना लिया) करते हुए यमुना के किनारे पर स्थित एक लतागृह में जाकर बैठ गये।

श्रीकृष्ण के विरहताप का वर्णन

कवि श्रीकृष्ण के अनुताप और विरह दुःख को निम्नलिखित एक अष्टपदी

(आठ पदों, अर्थात् श्लोकों का संग्रह) में इस प्रकार वाणी देता है। श्रीकृष्ण राधा का चिन्तन करते हुए कहते हैं—

मामियं चलिता विलोक्य वृतं वधूनिचयेन।
सापराधतया मयापि न वारितातिभयेन।।
हरि हरि हतादरतया गता सा कुपितेव ।। ध्रुवपद ।।1।।

राधा के न मिलने पर खिन्न और अपराध की भावना से ग्रस्त श्रीकृष्ण अपने को कोसते हुए बोले—वस्तुतः मुझे अन्य गोपवधुओं के साथ रमण करते हुए देखकर राधा का रुष्ट होना और यहां से चले जाना सर्वथा उपयुक्त ही था। यदि वह यहां रुकी रहती, तो मुझ अपराधी को अपने सामने पाकर अपने क्रोध को छोड़ भी न पाती और बनाये भी न रख सकती थी। यह निश्चित है कि मेरे सम्मोहन में वह सब कुछ भूलकर मुझसे लिपट जाती। इस प्रकार उसका मान भंग हो जाता। अतः अपने मान और क्रोध की रक्षा के लिए उसका यहां से अन्यत्र चले जाना सर्वथा युक्तिसंगत ही है।

श्रीकृष्ण सोचने लगते हैं कि जब मुझे यह ज्ञात था कि मेरे कृत्य—अन्य गोपवधुओं के संग रमण-विलास—से राधा के हृदय पर गहरा आघात पहुंचना और इससे उसका कहीं दूर खिसक जाना निश्चित है, तो मेरा यह कर्तव्य बनता था कि मैं रुष्ट और खिन्न राधा को मनाता, उसकी मनुहार करता और उसे अपने से दूर जाने से रोकता। ऐसा न करके मैंने भी अपराध ही किया है। यह ठीक है कि वह मुझे भला-बुरा कहती, परन्तु मुझे मानसिक रूप से यह सब सहन करने के लिए तैयार रहना चाहिए था। अतः यह स्पष्ट है कि अपने इस वियोग दुःख के लिए स्वयं मैं ही दोषी हूं। मैंने स्वयं ही अपना अहित किया है।

किं करिष्यति किं वदिष्यति सा चिरं विरहेण।
किं जनेन धनेन किं मम किं गृहेण सुखेन।।
हरि हरि हतादरतया गता सा कुपितेव ।।2।।

श्रीकृष्ण उनके अपने व्यवहार से खिन्न राधा की प्रतिक्रिया को उचित बताते हुए एवं उसकी मनोदशा पर चिन्ता प्रकट करते हुए कहते हैं—

अन्य गोपबालाओं के साथ मेरे रास-विलास को अपनी उपेक्षा और अपना अपमान समझकर इससे खिन्न, निराश एवं कुपित राधा एक ओर मेरे वियोग की व्यथा को और दूसरी ओर मेरे द्वारा की गयी उपेक्षा एवं तिरस्कार को न सह पाने के कारण, न जाने अपने साथ क्या कर बैठेगी? न जाने अपनी पीड़ा को किसी प्रकार किसी से कह भी पायेगी कि नहीं? मुझे यह सोचकर बड़ी चिन्ता

और ग्लानि अनुभव हो रही है।

राधा के वियोग से अपने को सन्तप्त अनुभव करते हुए श्रीकृष्ण कहते हैं—राधा के अभाव में मुझे तो अपना वैभव, धन-सम्पत्ति, घर-महल, परिवार के लोग तथा सभी प्रकार की सुख-सुविधा को जुटाने वाले साधन आदि सर्वथा व्यर्थ एवं निरर्थक प्रतीत होते हैं।

चिन्तयामि तदाननं कुटिलभ्रुरोषभरेण।
शोणपद्ममिवोपरि भ्रमताऽकुलं भ्रमरेण।।
हरि हरि हतादरतया गता सा कुपितेव।। 3।।

राधा में अपनी गहन आसक्ति एवं अनुरक्ति को प्रकट करते हुए श्रीकृष्ण कहते हैं—

मैं अपने अत्यन्त गम्भीर दोष के कारण टेढ़ी हुई भौंहों वाले, भौंरों से लदे लाल कमल के समान क्रोध से कुछ-कुछ लाल हुए राधा के मोहक मुख-कमल का निरन्तर ध्यान कर रहा हूं। राधा के चिन्तन के सिवाय मुझे तो इस समय और कुछ भी अच्छा नहीं लगता।

तामहं हृदि सङ्गतामनिशं भृशं रमयामि।
किं वनेऽनुसरामि तामिह किं वृथा विलपामि।।
हरि हरि हतादरतया गता सा कुपितेव।। 4।।

राधा के प्रेम में आसक्त श्रीकृष्ण मन-ही-मन सोचते-विचारते हुए अपने-आप से कहते हैं—यदि सचमुच में ही मुझे राधा से अनन्य और समग्र अनुराग है और मैं यह अनुभव करता हूं कि मैं उसके बिना नहीं रह सकता और उसके साथ रमण करने के लिए आकुल-व्याकुल हूं, तो फिर मैं वन में भटक-भटककर उसे खोजता क्यों नहीं? यहां बैठकर पागलों की तरह आंसू क्यों बहा रहा हूं?

अभिप्राय यह है कि श्रीकृष्ण अनुभव करते हैं कि उन्हें अपने से रूठी और कहीं जाकर छिपी बैठी राधा को ढूंढ़ना और मनाना चाहिए, अन्यथा उनके वियोगजन्य दुःख का अन्त नहीं हो सकता।

तन्वि ! खिन्नमसूयया हृदयं तवाकलयामि।
तन्न वेद्मि कुतो गतासि न तेन तेऽनुनयामि।।
हरि हरि हतादरतया गता सा कुपितेव।। 5।।

राधा के वियोग से पीड़ित श्रीकृष्ण अपने को अपराधी मानते हुए और राधा का नाम लेकर उसे सम्बोधित करते हुए कहते हैं—कोमल और सूक्ष्म शरीर

वाली सुन्दरी राधे ! मैं यह तो सहज अनुमान कर सकता हूं कि अन्यान्य गोपियों के साथ मेरे रमण करने से जहां तुम्हारे मन में ईर्ष्या, क्रोध और दुःख के भावों का उत्पन्न होना स्वाभाविक था, वहां तुम्हारा रूठकर चले जाना भी उचित था, परन्तु मेरा दुःख तो यह है कि मैं यह समझ नहीं पा रहा कि तुम चली कहां गयी हो? यदि मुझे तुम्हारे रूठकर जाने का स्थान विदित हो जाये, तो मैं तत्काल वहां पहुंचकर अनुनय-विनय द्वारा तुम्हें प्रसन्न करने का एवं अपने अनुकूल बनाने का प्रयास करूं?

श्रीकृष्ण के इस कथन से राधा के प्रति श्रीकृष्ण की अनुरक्ति और उससे मिलन की उत्सुकता का परिचय मिलता है।

दृश्यसे पुरतो गतागतमेव मे विदधासि।
किं पुरेव ससम्भ्रमं परिरम्भणं न ददासि।।
हरि हरि हतादरतया गता सा कुपितेव।।6।।

राधा के वियोग में विह्वल श्रीकृष्ण उसका नाम लेकर रुदन करते हुए कहते हैं—राधे ! मुझे ऐसा लगता है कि तुम मेरे सामने से ही आ-जा रही हो, परन्तु मुझे आश्चर्य हो रहा है कि तुम पहले की भांति अचकचा कर, अर्थात् अपने संकोच पर नियन्त्रण न रखकर शीघ्रता से मेरा आलिंगन क्यों नहीं करतीं? तुम ऐसी कठोर कैसे बन गयी हो?

अनुपस्थित प्रेमिका को अपने सामने उपस्थित-सा मानना उन्माद की और उसकी अनुपस्थिति में उससे बातें करना प्रलाप की स्थिति है। ये दोनों वियोग की अन्तिम स्थितियां हैं। कवि ने श्रीकृष्ण को राधा के वियोग में इन स्थितियों में पहुंचा हुआ चित्रित करके राधा में उनकी गहन अनुरक्ति और गहरी आसक्ति की ओर संकेत किया है।

क्षम्यतामपरं कदापि तवेदृशं न करोमि।
देहि सुन्दरि दर्शनं मम मन्मथेन दुनोमि।।
हरि हरि हतादरतया गता सा कुपितेव।।7।।

राधा को सम्बोधित कर अपने को अधिक न तड़पाने का तथा शीघ्र दर्शन देने का उससे अनुरोध करते हुए श्रीकृष्ण कहते हैं—प्रिये ! सुन्दरि ! अब मैं तुम्हें विश्वास दिलाता हूं कि मैं फिर ऐसा अपराध—तुम्हें छोड़कर अन्य गोपियों के साथ रास-विलास एवं रमण—नहीं करूंगा। मेरे पहले अपराध को क्षमा कर दो। काम-पीड़ित होने से मैं तुम्हारे वियोग में बहुत अधिक सन्तप्त एवं दुखी हो रहा हूं। तुम शीघ्र ही दर्शन देकर मेरी तड़प को दूर करो।

वर्णितं जयदेवकेन हरेरिदं प्रणतेन।
किन्दुबिल्वसमुद्रसम्भवरोहिणीरमणेन।।
हरि हरि हतादरतया गता सा कुपितेव।।8।।

समुद्र से उत्पन्न चन्द्रमा के समान उज्ज्वल (यशस्वी एवं प्रख्यात) किन्दुबिल्व वंश में उत्पन्न होने वाले तथा श्रीकृष्ण के प्रति भक्तिनिष्ठ होने से विनम्र जयदेव कवि द्वारा वर्णित राधा के रुष्ट होकर चले जाने से अपने को अकेला पाते श्रीकृष्ण का यह विरह-प्रसंग रसिक भक्तों के लिए मंगलकारी हो।

कामपीड़ित श्रीकृष्ण का आर्त्तनाद

भ्रूपल्लवं धनुरपाङ्गतरङ्गितानि,
बाणा गुणाः श्रवणपालिरिति स्मरेण।
तस्यामनङ्ग जय जङ्गमदेवताया-
मस्त्राणि निर्जितजगन्ति किमर्पितानि।।1।।

अपने सभी शस्त्रास्त्र राधा को देकर उसे कामियों पर प्रहार करने में अत्यन्त कुशल एवं पूर्ण समर्थ बनाने के लिए कामदेव से शिकायत करते हुए श्रीकृष्ण कहते हैं—राधाजी की टेढ़ी भृकुटि कामदेव का धनुष है, उसके चञ्चल कटाक्ष कामदेव के बाण हैं, राधाजी के कानों तक खिंचे नेत्रों की रेखा कामदेव के धनुष की डोरी है। इस प्रकार लगता है कि कामदेव ने राधाजी को संसार को वश में करने वाली अपनी चलती-फिरती जयलक्ष्मी बनाकर, मानो अपने सारे शस्त्रास्त्र उसे ही सौंप दिये हैं। इसी से उसका सामना न कर पाने के कारण मैं अपने को व्यथित एवं चिन्तित पाता हूं।

श्रीकृष्ण के कथन का अभिप्राय यह है कि एक ओर वे राधाजी के वियोग से सन्तप्त हैं, उससे मिलने के लिए उत्सुक एवं अत्यन्त आतुर हैं, तो दूसरी ओर उससे मिलन होने पर उसके सम्मोहन को न झेल पाने की सम्भावना से चिन्तित भी हैं, क्योंकि राधा कामदेव की सजीव प्रतिमा होने से अत्यन्त ही मादक, मोहक एवं बांध लेने वाली है। कामदेव ने तो राधा के रूप में अपने धनुष की डोरी पर बाण को साध ही रखा है, बस, अब तो लक्ष्य के सामने आने की ही देरी है।

हृदि विलसते हारो नायं भुजङ्गमनायकः,
कुवलयदलश्रेणी कण्ठे न सा गरलद्युतिः।
मलयजरजो नेदं भस्म प्रियारोहिते मयि,
प्रहर न हरभ्रान्त्यानङ्ग क्रुधा किमु धावसि ।।2।।

राधा के वियोग में सन्तप्त श्रीकृष्ण को एक तो अपने को सजाने-संवारने की सुधि नहीं, दूसरे उनसे काम-पीड़ा की तपन भी सही नहीं जाती। श्रीकृष्ण को ऐसा लगता है कि वेशभूषा की संभाल न होने से उनकी स्थिति अपनी वेशभूषा के प्रति सर्वथा निरपेक्ष रहने वाले शिवजी जैसी हो रही है। अतः कामदेव श्रीकृष्ण की वेशभूषा से उन्हें कदाचित् शिव समझकर ही उन पर तीखे प्रहार कर रहा है।

यह सोचकर श्रीकृष्ण कामदेव को सम्बोधित करते हुए कहते हैं—अरे, बन्धो ! मेरे गले में तथा मेरी छाती पर लटकते हार को सर्पराज समझने की भूल मत कीजिये, मैंने अपने गले में कमलों की माला धारण कर रखी है और मेरे कण्ठ एवं वक्ष पर इस माला का प्रतिबिम्ब पड़ने से मेरा गला नीली आभा वाला दिखाई अवश्य देता है, परन्तु आप इसे विषपान के कारण हुआ कण्ठ का नीलापन समझने की भूल मत कीजिये। मैंने अपने मस्तक पर चन्दन का तिलक ही लगा रखा है। इसे भी कृपया भस्म समझने के भ्रम को न पालिये, रंग के साम्य से वस्तुओं की भिन्नता को न पहचानने की ग़लती मत कीजिये।

हे कामदेव ! मैंने अपने वियोग के ताप की विषमता को हलका करने के लिए ही इन वस्तुओं—हार, तिलक आदि—को अपनाया है और वियोग से उत्पन्न उद्वेग के कारण इन्हें बदलने की ओर मेरा ध्यान ही नहीं गया। इससे माला कुम्हला गयी है और तिलक सूख गया है। मुझे लगता है कि माला को सर्प और तिलक को भस्म मानकर मुझे शिव समझने की तुम्हें भ्रान्ति हो रही है और कदाचित् इसी से तुम मुझे अपने विषम बाणों का लक्ष्य बना रहे हो। मेरा तुमसे अनुरोध है कि मुझ पर ऐसा अत्याचार न करो और मुझसे राधाजी के वियोग को सह पाने का सामर्थ्य मत छीनो।

पाणौ मा कुरु चूतसायकममुं मा चापमारोपय,
क्रीडानिर्जितविश्व मूर्च्छितजनाघातेन किं पौरुषम्।
तस्या एव मृगीदृशो मनसिज प्रेक्षत्कटाक्षानल-
ज्वालाजर्जरितं मनागपि मनो नाद्यापि सन्धुक्षते।। 3।।

कामदेव से अपने प्रहारों से व्यथित न करने का अनुरोध करते हुए श्रीकृष्ण कहते हैं—हे कामदेव ! देखो, तुम्हारे बाणों के समान घातक मृगनयनी (मृग के नेत्रों के समान चञ्चल और सुन्दर नेत्रों वाली) राधा के कटाक्षों की ज्वाला से मेरा शरीर इस प्रकार जर्जर हो गया है कि उससे अभी तक धुआं निकल रहा है, मुझे अभी तक थोड़ी-सी भी शान्ति नहीं मिली है।

श्रीकृष्ण के कथन का अभिप्राय यह है कि राधाजी की दृष्टि और उनके

कटाक्ष अत्यन्त ही मोहक एवं आकर्षक हैं, जिनके आकर्षण का संवरण कर पाना किसी के लिए भी सम्भव नहीं है। श्रीकृष्ण भी इसका अपवाद नहीं, वे भी उसके मोहजाल से अपने को मुक्त नहीं कर पा रहे।

इस स्थिति में कामदेव से अनुरोध करते हुए श्रीकृष्ण कहते हैं—यह सत्य है कि तुम खेल-खेल में ही सारे संसार को जीतने में पूर्ण समर्थ हो, परन्तु तनिक सोचने का कष्ट करोगे, तो स्वयं अनुभव करोगे कि मरे को मारने में तो कोई वीरता नहीं, संज्ञाशून्य व्यक्ति पर प्रहार करने में तो किसी प्रकार की कोई बुद्धिमत्ता नहीं? मैं इस समय राधाजी के वियोग में मरा जा रहा हूं और मेरी चेतनता लुप्त होती जा रही है। अतः मैं तुमसे अनुरोध करता हूं कि अपने आम्रबाण को अपने हाथ में लेने और उसे धनुष पर रखकर चिल्ला चढ़ाने का दुष्प्रयास मत करो, क्योंकि इससे तुम्हें किसी प्रकार का कोई यश मिलने वाला नहीं।

टिप्पणी : पांच मादक वृक्षों (जिन्हें देखकर प्रेमियों के मन में वासना उद्दीप्त होती है।) को कामदेव के पांच पुष्प बाण माना गया है और यह स्वीकार किया गया है कि कामदेव इन्हीं के माध्यम से प्रेमियों के मन को विह्वल बनाता है। वे पांच वृक्ष हैं—कमल, अशोक, आम्र, नवमल्लिका तथा नीलोत्पल।

अभिप्राय यह है कि इन पांचों वृक्षों के पुष्प इतने अधिक मनोरम होते हैं कि उन्हें देखकर युवकों-युवतियों के मन में कामवासना उदीप्त हो उठती है।

भ्रूचापे निहितः कटाक्षविशिखो निर्मातु मर्मव्यथाम्,
श्यामात्मा कुटिलः करोतु कबरीभारोपि मारोद्यमम्।
मोहं तावदयं च तन्वि ! तनुतां बिम्बाधरो रागवान्-
सद्वृत्तस्तनमण्डलस्तव कथं प्राणैर्मम क्रीडति।। 4।।

राधा के अंगों की सुन्दरता, मोहकता एवं चारुता का स्मरण-वर्णन करते हुए श्रीकृष्ण कहते हैं—हे सूक्ष्म अंगों वाली प्रिय राधे ! तुम्हारी भौंहें कामदेव का धनुष और तुम्हारे कटाक्ष कामदेव के बाण हैं। जब तुम अपनी टेढ़ी भौंहों से कटाक्ष करती हो, तो ऐसा लगता है मानो कामदेव ने धनुष पर बाण चढ़ाकर लक्ष्य-सन्धान किया हो। बाण लगने पर होने वाली मार्मिक व्यथा के समान ही तुम्हारे कटाक्ष व्यथित करने वाले हैं। इसी प्रकार कबरी (अपने चमकीले और सुन्दर बालों के लिए प्रसिद्ध हरिण की जाति का एक पशु) के केशों के समान तुम्हारे काले, कजरारे और चमकीले तथा घने सुन्दर बाल भी मन में तुम्हारे प्रति अत्यधिक आकर्षण और आसक्ति उत्पन्न करने वाले हैं। बिम्बफल के समान लाल तथा पतले तुम्हारे अधर सहज ही बांध लेते हैं और फिर तुम्हारे उन्नत तथा गोल-गोल स्तनों को देखने पर तो

कोई अपने आपको वश में कैसे रख सकता है?

राधे ! अपने मोहक अंगों—कटाक्ष, केश, ओष्ठ तथा कुच आदि—से मुझे अपने वश में करके और अब आंखों से ओझल होकर मुझे क्यों तड़पा रही हो? मेरे साथ यह कैसा खेल खेल रही हो? मेरे लिए अब तुम्हारा वियोग असह्य हो गया है।

तानि स्पर्शसुखानि ते च तरलस्निग्धा दृशोर्विभ्रमा-
स्तद्वक्त्राम्बुजसौरभं स च सुधास्यन्दी गिरां वक्रिमा।
सा बिम्बाधरमाधुरीति विषयासङ्गेऽपि मन्मानसं,
तस्यां लग्नसमाधि हन्त विरहव्याधिः कथं वर्तते।। 5।।

राधा की स्मृति में खोये श्रीकृष्ण संयोग-सुख के स्थान पर विरह-वेदना का अनुभव करने पर आश्चर्य प्रकट करते हुए कहते हैं— अन्यान्य गोपबधुओं के साथ रमण करते हुए भी मेरा मन राधाजी के मोहक अंगों के स्पर्श-सुख के अनुभव से सदैव पुलकित होता रहा है, उसके चञ्चल और स्निग्ध कटाक्षों का आनन्द लेता रहा है, उसके मुखारविन्द की सुगन्ध का पान करता रहा है, अमृत के समान मधुर एवं मोहक उसकी भोली तथा निश्छल वाणी के श्रवण का सुख अनुभव करता रहा है, बिम्बाफल के समान अरुण और आकर्षक उसके ओष्ठों का रस-पान करता रहा है। यहां तक कि राधा के ध्यान में लीन होने से सम्मुख उपस्थित गोपस्त्रियों के संग-सुख से अपरिचित-सा रहा है। इस स्थिति में, अर्थात् राधा के ध्यान में ही खोये रहने वाले मेरे मन को आज राधा के वियोग के दुःख का अनुभव कैसे हो रहा है, यह सचमुच मेरे लिए आश्चर्य और चिन्ता का विषय है, क्योंकि राधा तो मेरे मन से कभी दूर हुई ही नहीं, फिर वियोग कैसा? शारीरिक रूप से अन्यान्य सखियों के साथ मैंने रमण अवश्य किया, परन्तु यह तो गोपियों के स्नेहपूर्ण आग्रह को गौरव देना था, अन्यथा राधा को छोड़कर मेरे मन ने किसी अन्य सुन्दरी को कभी चाहा ही नहीं।

इस प्रकार यहां श्रीकृष्ण की राधा में अनन्य अनुरक्ति और निश्चल आसक्ति—जिसकी चरम परिणति नित्य संयोग में होती है—का वर्णन किया गया है। नित्य संयोग में वियोग के लिए स्थान का प्रश्न ही उत्पन्न नहीं होता। अतः श्रीकृष्ण का इस विषय में चिन्तित होना स्वाभाविक ही है। कवि की कल्पनाशक्ति की प्रौढ़ता दर्शनीय है।

तिर्यक्कण्ठविलोलमौलितरलोत्तंसस्य वंशोच्चरद्-
गीतस्थानकृतावधानललनालक्षैर्न संलक्षिताः।

सम्मुग्धं मधुसूदनम्य मधुरे राधामुखेन्दौ मृदु-
स्पन्दं पल्लवितश्चिरं ददतु वः क्षेमं कटाक्षोर्मयः ।। 6 ।।

बजती हुई बांसुरी से निकले सुन्दर-मोहक पदों का श्रवण करने से मुग्ध हुई अन्यान्य (सभी) गोपवधुओं द्वारा अनदेखी अपनी दृष्टि को अप्रकट भाव से राधा के चन्द्रमुख में गड़ाने वाले और ग्रीवा के तिरछी हो जाने से हिलते कुण्डलों और मुकुट वाले श्रीकृष्ण के मोहक कटाक्ष भक्तों को चिरकाल तक सुख देने वाले एवं उनका कल्याण करने वाले हों।

।। मुग्धमधुसूदन नामक तृतीय सर्ग समाप्त ।।

चतुर्थ सर्ग

[स्निग्धमाधव नामक सर्ग]

यमुनातीरवानीरकुञ्जे मन्दमास्थितम्।
प्राह प्रेमभरोद्भ्रान्तं माधवं राधिका सखी।। 1।।

यमुना के तट पर स्थित वेतसलताओं के कुञ्ज में राधा के वियोग में उदास तथा प्रेम की विह्वलता के कारण उद्विग्न होकर बैठे श्रीकृष्ण के पास आकर राधा की सखी उनसे बोली।

श्रीकृष्ण के पास आयी राधा की सखी श्रीकृष्ण को राधा की विरह-वेदना का अत्यन्त ही मार्मिक वर्णन निम्नोक्त अष्टपदों में करती है—

सखी द्वारा श्रीकृष्ण से राधा के विरह का वर्णन

निन्दति चन्दनमिन्दुकिरणमनुविन्दति खेदमधीरम्।
व्यालनिलयमिलनेन गरलमिव कलयति मलयसमीरम्।
सा विरहे तव दीना।
माधवमनसिजविशिखभयादिव भावनया त्वयि लीना।। ध्रुवपद।। 1।।

राधा की सखी श्रीकृष्ण के विरह में व्याकुल राधा की खिन्नता और गहरी उदासीनता से श्रीकृष्ण को परिचित कराती हुई बोली—हे माधव! कामदेव के बाणों से आहत तथा भयभीत राधा आपके ध्यान-चिन्तन में इस प्रकार खोयी हुई है कि उसे बाहरी जगत् की ही नहीं, अपितु अपने जीवन तक की भी सुध-बुध नहीं रह गयी है। फलतः न वह नहाने-धोने के विषय में, न उपयुक्त वेशभूषा के प्रति और न ही अपने को सजाने-धजाने आदि के प्रति सतर्क है। यहां तक कि उसे खाने-पीने की सुध भी नहीं है। वह न किसी से बोलती है और न ही किसी की सुनती है। निरन्तर आपके ध्यान में खोये रहने के कारण वह अत्यन्त दुर्बल

और क्षीण हो गयी है। उसकी स्थिति तो यह हो गयी है कि वह शीतलता देने वाले चन्दन के दाहक बन जाने के कारण उसे कोसती है, चन्द्र किरणों के कष्ट देने वाली होने के कारण उन्हें बुरा-भुला कहती है तथा मलय समीर (चन्दन के वृक्षों से घिरे पर्वत से आने वाली शीतल मन्द और सुगन्धित वायु) को सांपों के निवास से होकर आने के कारण उसे सांपों के विष से मिली, अर्थात् विषैली मानकर उसकी उपेक्षा करती है।

राधा की विषम दशा का इस प्रकार वर्णन करने के उपरान्त अपने कथन को विराम देती हुई राधा की सखी बोली—हे माधव ! मैं राधा के दुःख का कहां तक वर्णन करूं, मेरे संक्षिप्त कथन को बहुत समझ लीजिये और विश्वास कीजिये कि वह आपके विरह में सूखकर कांटा बन गयी है और आपके वियोग में निरन्तर दिन-रात रोती ही रहती है।

टिप्पणी : कवियों की ऐसी धारणा है कि चन्दन वृक्षों की जड़ में बिल बनाकर सांप रहते हैं। अतः सर्पों से घिरे मलय पर्वत पर स्थित चन्दन के वृक्षों से आने वाली वायु को कवि ने राधा द्वारा विषैला होना कहलाया है। वस्तुतः वियोगियों के लिए संयोग में सुख देने वाले सभी पदार्थ—चन्दन, चांदनी तथा शीतल समीर आदि—वियोग में दुःख देने वाले ही हो जाते हैं।

अविरलनिपतितमदनशरादिव भवदवनाय विशालम्।
स्वहृदयमर्मणि वर्म करोति सजलनलिनदलजालम्।
सा विरहे तव दीना।
माधवमनसिजविशिखभयादिव भावनया त्वयि लीना।।2।।

राधा की सखी श्रीकृष्ण के पास आकर उनके प्रति राधा के अनन्य अनुराग और उनके वियोग में उसकी विषम एवं दीन-हीन दशा का वर्णन करती हुई बोली—हे माधव ! कामदेव द्वारा निरन्तर किये जा रहे प्रहारों के आघात से अपने हृदय में स्थित आपको बचाने के लिए ही राधा अपनी छाती पर जल में भिगोये कमलपत्रों को वर्म (कवच) के रूप में धारण कर रही है।

सखी के कथन का अभिप्राय यह है कि राधा के हृदय में श्रीकृष्ण ही विराजमान हैं और राधा श्रीकृष्ण से मिलने को आतुर है। इधर कामदेव ने उसे बुरी तरह से अपने जाल में फंसा रखा है। वह काम-पीड़ा से उत्पन्न रोग के शमन के लिए तथा अपने हृदय में विद्यमान अपने प्रियतम को काम-ज्वाला की तपन से बचाने के लिए निरन्तर शीतल जल में भीगे कमलपत्रों को छाती पर रख रही है। इस प्रकार वह श्रीकृष्ण के वियोग में व्यथित हो गयी है।

कुसुमविशिखशरतल्पमनल्पविलासकलाकमनीयम्।
व्रतमिव तव परिरम्भसुखाय करोति कुसुमशयनीयम्।
सा विरहे तव दीना।
माधवमनसिजविशिखभयादिव भावनया त्वयि लीना।।3।।

राधा की विरह-वेदना से श्रीकृष्ण को परिचित कराती हुई उसकी सखी बोली—हे श्रीकृष्ण! कामदेव के पुष्पबाणों से बुरी तरह घायल और व्यथित राधा तुम्हारे साथ आलिंगन के सुख की इच्छा से धरती पर बिखरे फूलों और पत्तों की शय्या बनाकर सोती हुई एक प्रकार के व्रत का अनुष्ठान कर रही है, अर्थात् वह यह धारणा कर रही है कि वह तुम (श्रीकृष्ण) से मिलन होने के उपरान्त ही पलंग पर सोयेगी और जब तक यह नहीं होता, तब तक वह धरती पर ही सोती रहेगी।

राधा की सखी के कथन का उद्देश्य श्रीकृष्ण को यह बताना है कि अपने प्रति राधा की सत्यनिष्ठा को देखकर श्रीकृष्ण का उससे शीघ्र मिलना ही उचित है, ताकि उस अनन्य अनुरागवती को शान्ति मिल सके।

वहति च चलितविलोचनजलधरमाननकमलमुदारम्।
विधुमिव विकटविधुन्तुददन्तदलनगलितामृतधारम्।
सा विरहे तव दीना।
माधवमनसिजविशिखभयादिव भावनया त्वयि लीना।।4।।

श्रीकृष्ण के वियोग में निरन्तर रुदन करने से राधा के मुख की कान्ति के मलिन होने की सूचना श्रीकृष्ण को देती हुई राधा की सखी कहती है--हे माधव! जिस प्रकार राहु के दांतों में दबा हुआ चन्द्रमा अपनी सुधा को बहा देने को विवश होता है और फिर सहज में ही मलिनमुख हो जाता है, उसी प्रकार तुम्हारे वियोग से पीड़ित राधा निरन्तर अश्रु प्रवाहित करती रहती है और इस कारण उस बेचारी के मुख की कान्ति मलिन पड़ गयी है। उसके मुख की चमक-दमक तो अब नाममात्र की ही रह गयी है।

अभिप्राय यह है कि श्रीकृष्ण का संयोग होने पर ही राधा की वेदना मिट सकती है और उसकी प्रसन्नता लौट सकती है।

विलिखति रहसि कुरङ्गमदेन भवन्तमसमशरभूतम्।
प्रणमति मकरमधो विनिधाय करे च शरं नवचूतम्।
सा विरहे तव दीना।
माधवमनसिजविशिखभयादिव भावनया त्वयि लीना।।5।।

राधा की सखी श्रीकृष्ण को उनके वियोग में राधा की दीन-हीन दशा से परिचित कराती हुई बोली—हे माधव ! आपके वियोग में राधा उन्माद की दशा को पहुंच गयी है। तभी तो वह एकान्त में कस्तूरी से कामदेव की आकृति के स्थान पर आपकी आकृति (स्वरूप) को लिखती है। आपकी उस आकृति के नीचे मकर की आकृति को बनाकर आपके हाथ में आम्रपुष्प के बाण को थमाती है, अर्थात् आपसे कहती है कि यदि अभी तक मेरी पीड़ा को देखकर आपके मन को तसल्ली नहीं हुई, तो लीजिये, कामदेव के शर से मुझ पर प्रहार करके मुझे और अधिक व्यथित कीजिये। मैं परीक्षा देने को प्रस्तुत हूं। मुझे विश्वास है कि कभी तो आपका हृदय मेरे प्रति द्रवित होगा।

प्रतिपदमिदमपि निगदति माधव ! तव चरणे पतिताहम्।
त्वयि विमुखे मयि सपदि सुधानिधिरपि तनुते तनुदाहम्।
सा विरहे तव दीना।
माधवमनसिजविशिखभयादिव भावनया त्वयि लीना।। 6।।

राधा की सखी श्रीकृष्ण के वियोग में राधा की दीन-हीन हुई दशा का वर्णन करती हुई कहती है—हे श्रीकृष्ण ! तुम्हारे वियोग में व्यथित राधा उठते-बैठते तथा चलते-फिरते क्षण-प्रतिक्षण यह कहती है— माधव ! मैं आपके चरणों में पड़ी हूं, आपकी शरणागत होकर आपसे अनुनय-विनय करती हूं कि मुझे और अधिक न तड़पाओ। आपके वियोग में तो शीतल चन्द्रमा भी मेरे शरीर को जलाने वाला बन जाता है। अतः आप शीघ्र ही मुझे वियोग-दुःख से मुक्त करने की कृपा कीजिये।

ध्यानलयेन पुरः परिकल्प्य भवन्तमतीव दुरापम्।
विलपति हसति विषीदति रोदिति चञ्चति मुञ्चति तापम्।
सा विरहे तव दीना।
माधवमनसिजविशिखभयादिव भावनया त्वयि लीना।। 7।।

राधा की सखी श्रीकृष्ण के समक्ष राधा की विरह-वेदना का वर्णन करती हुई कहती है—योग-व्रत-ध्यान-साधना आदि से भी कठिनता से प्राप्त होने वाले माधव ! मेरी सखी राधा आपके विरह में भी ध्यान-योग से अपने चित्त में आपकी मूर्ति को प्रत्यक्ष करके अपने विरहोन्माद से आपको परिचित कराने के लिए आपके (आपकी मूर्ति के) समक्ष कभी हंसती है, तो कभी विलाप करती है, कभी दुखी होती है, तो कभी शान्त हो जाती है, क़भी बिखलती है, तो कभी चिड़चिड़ापन दिखाती है और कभी वह बेचारी थककर शान्त हो जाती है।

श्रीजयदेवभणितमिदमधिकं यदि मनसा नटनीयम्।
हरिविरहाकुलवल्लवयुवतिसखीवचनं पठनीयम्।
सा विरहे तव दीना।
माधवमनसिजविशिख भयादिव भावनया त्वयि लीना।।8।।

कविप्रवर जयदेव का कथन है कि यदि रसिकों को उसके काव्य का सचमुच ही अधिक और वास्तविक आनन्द लेना अभीष्ट हो, तो सखी द्वारा निरूपित राधा के विरह और श्रीकृष्ण के प्रति किये गये प्रणय निवेदन को पढ़ना चाहिए। इससे उनके मन में रागानुगा भक्ति दृढ़ होगी और फिर विलासलीलापरक काव्य के अध्ययन में रुचि और प्रवृत्ति बनेगी।

श्रीकृष्ण से राधा की विरह-व्यथा का वर्णन

आवासो विपिनायते प्रियसखीमालापि जालायते,
तापोऽपि श्वसितेन दावदहनज्वालाकलापायते।
सापि त्वद्विरहेण हन्त ! हरिणीरूपायते हा कथम्,
कन्दर्पोऽपि यमायते विरचयञ्छार्दूलविक्रीडितम्।।1।।

श्रीकृष्ण से राधा की विषम विरह-व्यथा का वर्णन करती हुई उसकी सखी कहती है—हे श्रीकृष्ण ! आपके वियोग से पीड़ित राधा के लिए सुख-सुविधाओं से परिपूर्ण और परिजनों से घिरा घर एकदम सुनसान वन जैसा बन गया है। सखियों द्वारा निर्मित माला उसे जाल प्रतीत होती है। राधा के शरीर का ताप इतना अधिक बढ़ गया है कि उसके श्वासों से उसके विरह की आग और अधिक भभक उठती है। सिंह से भयभीत मृगी के समान घबरायी हुई राधा को तो कामदेव भी उसके जीवन से खिलवाड़ करते यमराज प्रतीत होते हैं। अधिक क्या कहूँ, अब तो यह समझिये कि उसका अन्त ही निकट आ गया है।

टिप्पणी : इस पद्य में कवि ने शार्दूल-विक्रीडित छन्द के प्रयोग का उल्लेख किया है।

श्रीकृष्ण को राधा की विरह-व्यथा की जानकारी एक दूसरी अष्टपदी में देती हुई उसकी सखी कहती है—

स्तनविनिहतमपि हारमुदारम्।
सा मनुते कृशतनुरतिभारम्।।
राधिका विरहे तव केशव माधव वामन विष्णो।। ध्रुवपद।।1।।

हे माधव ! हे केशव ! हे वामन ! हे विष्णो ! आपके वियोग में राधा इतनी अधिक दुबली-पतली और इतनी अधिक क्षीण शक्ति वाली हो गयी है कि अपनी छाती पर (अथवा गले में पहने और स्तनों से टकराते) पहने हलके से हार को भी अत्यन्त भारी समझती है, अर्थात् उसके लिए उस हार के भार को उठाना भी कठिन हो रहा है।

अभिप्राय यह है कि यदि आपको राधा से थोड़ी-सी भी सहानुभूति है, तो आप अब विलम्ब न कीजिये, उसे शीघ्र ही दर्शन देकर कृतार्थ कीजिये।

सरसमसृणमपि मलयजपङ्कम्।
पश्यति विषमिव वपुषि सशङ्कम्।
राधिका विरहे तव केशव माधव वामन विष्णो।। 2।।

राधा की सखी श्रीकृष्ण के समक्ष उनके वियोग में राधा की हुई दीन-हीन दशा का वर्णन करती हुई कहती है—हे माधव ! आपके वियोग की व्यथा से उत्पन्न ताप को शान्त करने के लिए सखियों द्वारा राधा के शरीर पर लगाये सरस और चिकने चन्दन के लेप के प्रभावी न होने पर, अर्थात् ताप का शमन न होने पर राधा चन्दन के उस लेप में विष होने की शंका करने लगती है।

अभिप्राय यह है कि राधा का विरह इतना अधिक तीव्र है कि उस पर चन्दन के लेप का भी कोई प्रभाव नहीं पड़ता। इसके अतिरिक्त वह इस प्रकार उन्मादग्रस्त हो गयी है कि उसका अपनी सखियों पर से भी विश्वास उठ गया है और वह सखियों द्वारा उसके शरीर पर लगाये जा रहे चन्दन में विष का भ्रम करने लगी है।

श्वसितपवनमनुपमपरिणाहम्।
मदनदहनमिव वहति सदाहम्।
राधिका विरहे तव केशव माधव वामन विष्णो।। 3।।

हे माधव ! तुम्हारे वियोग में सन्तप्त मेरी सखी राधा इस प्रकार लम्बे और उष्ण श्वास लेती है कि उसकी कामाग्नि बड़ी तीव्रता से भड़कती और तेज़ होती हुई प्रतीत होती है।

दिशि दिशि किरति सजलकणजालम्।
नयननलिनमिव विगलितनालम्।
राधिका विरहे तव केशव माधव वामन विष्णो।। 4।।

हे माधव ! टूटे हुए कमलदण्ड की भांति तुम्हारी प्रतीक्षा करती-करती टूट

चुकी मेरी सखी राधा, अपने कमल के समान कोमल नेत्रों से आंसू बहाती हुई सभी दिशाओं में तुम्हें देखने की झूठी आशा पाल रही है।

नयनविषयमपि किसलयतल्पम्।
कलयति विहितहुताशविकल्पम्।
राधिका विरहे तव केशव माधव वामन विष्णो।। 5।।

हे माधव ! तुम्हारे वियोग में पागल बनी मेरी सखी राधा की यह दशा हो गयी है कि उसके विश्राम के लिए हमारे द्वारा बिछायी कोमल पत्तों की शय्या को वह जलती हुई लपटों वाली अग्नि के समान दाहक (जलाने वाली) समझती है।

त्यजति न पाणितलेन कपोलम्।
बालशशिनमिव सायमलोलम्
राधिका विरहे तव केशव माधव वामन विष्णो।। 6।।

हे वासुदेव ! दिन-भर आपकी प्रतीक्षा करने के उपरान्त निराश, खिन्न और व्याकुल राधा सायंकाल होने पर विरह-व्यथा से विचलित होकर अपनी हथेली पर गालों को रखकर सायंकालीन निश्चल बालचन्द्र के समान स्थिर, छोटे और पीले मुख वाली-सी दिखाई देने लगती है।

हरिरिति हरिरिति जपति सकामम्।
विरहविहित-मरणेव निकामम्।
राधिका विरहे तव केशव माधव वामन विष्णो।। 7।।

हे माधव ! हे स्वामिन् ! आपके वियोग में व्यथित राधा अपनी मृत्यु को निश्चित मानकर सद्गति के इच्छुक मरणासन्न व्यक्ति के समान आपके 'हरि हरि' नाम का निरन्तर जाप कर रही है।

यद्यपि राधा मूर्च्छित अवस्था में है, फिर भी उसके मुख से अनायास आपका ही नाम उच्चरित हो रहा है।

श्री जयदेवभणितमिति गीतम्।
सुखयतु केशवपदमुपनीतम्।
राधिका विरहे तव केशव माधव वामन विष्णो।। 8।।

भगवान् श्रीकृष्ण के चरणों को समर्पित जयदेव कवि द्वारा रचित राधा की विरह-वेदना विषयक यह गीत भक्तों को सुख देने वाला हो।

सखी द्वारा श्रीकृष्ण से राधा की व्यथा के यथाशीघ्र उपचार करने की प्रार्थना

सा रोमाञ्चति सीत्करोति विलपत्युत्कम्पते ताम्यति,
ध्यायत्युद्भ्रमति प्रमीलति पतत्युद्याति मूर्च्छत्यपि।
एतावत्यनुज्वरे वरतनुर्जीवेन्न किं ते रसात्-
स्वर्वैद्यप्रतिम प्रसीदसि यदि त्यक्तोऽन्यथा हस्तकः।।1।।

राधा की सखी राधा की विरह-वेदना की विषमता का वर्णन करके श्रीकृष्ण से उसका यथाशीघ्र उपचार करने की प्रार्थना करती हुई कहती है—राधा रोमाञ्चित हो रही है, उसके मुख से सी-सी की अस्पष्ट ध्वनि निकल रही है, वह विलाप कर रही है, कांप रही है और गिरती-पड़ती जा रही है। वह तुम्हारा ध्यान करती है और फिर मूर्च्छित हो जाती है। मूर्च्छित अवस्था में वह फिर तुम्हारा नाम लेकर कुछ उलूल-जुलूल बोलने लगती है। सचेत होने पर मेरी सखी राधा उठने की चेष्टा करती है, तो बेचारी गिर पड़ती है और तत्क्षण फिर से मूर्च्छित हो जाती है। मुझे तो काम-ज्वर से पीड़ित तथा इस विषम स्थिति को पहुंची राधा के जीवित रहने में ही सन्देह है। हे श्रीकृष्ण ! तुम स्वर्ग (देवों) के वैद्य अश्विनीकुमारों के समान कुशल वैद्य हो। जिस प्रकार अश्विनीकुमार स्वर्ण/मुक्ता आदि मूल्यवान् पदार्थों के रस के प्रयोग से असाध्य रोग का भी निवारण कर देते हैं, उसी प्रकार तुम भी शृंगार रस के प्रयोग (वियोग को संयोग में बदलकर) से मृतप्राय राधा को पुनर्जीवित कर सकते हो। तुम्हारी उपेक्षा से यदि उसका श्वास लेना भी बन्द हो जाये, तो इसमें कोई आश्चर्य नहीं होगा।

सखी के कथन का स्पष्ट अभिप्राय यह है कि श्रीकृष्ण को अविलम्ब ही राधा से मिलना चाहिए, अन्यथा राधा के प्राण छूट जाने पर उन्हें पछताना पड़ेगा।

टिप्पणी : इस पद्य में कवि ने प्रथम दो पंक्तियों में एक साथ ग्यारह क्रियाओं का प्रयोग करके अपने अद्भुत कवि-कौशल का परिचय दिया है।

स्मरातुरां दैवतवैद्यहृद्य त्वदङ्गसङ्गामृतमात्रसाध्याम्।
विमुक्तबाधां कुरुषे न राधामुपेन्द्रवज्रादपि दारुणोसि ।।2।।

राधा की सखी श्रीकृष्ण को राधा से मिलकर उसकी वियोग-व्यथा को यथाशीघ्र शान्त करने का उनसे अनुरोध करती हुई बोली—देवों के वैद्य—अश्विनीकुमारों—के समान कुशल वैद्य श्रीकृष्ण ! काम-पीड़ित राधा का रोग आपके अमृतमय अंगों के स्पर्श से ही दूर हो सकता है। यह जानते हुए भी यदि

आप राधा को अपने आलिंगन का सुख देकर उसे रोगमुक्त नहीं करते, तो मुझे यही मानना पड़ेगा कि आप इन्द्र के वज्र से भी कहीं अधिक कठोर हैं।

सखी के कथन का अभिप्राय यह है कि श्रीकृष्ण का विरुद तो 'उदार' दयालु एवं 'पर दुःखकातर' का है। इस स्थिति में उनके लिए राधा की उपेक्षा किसी भी रूप में उचित नहीं।

टिप्पणी : कवि ने यहां श्लेष से उपेन्द्रवज्रा छन्द के प्रयोग का उल्लेख किया है।

कन्दर्पज्वरसञ्ज्वराकुलतनोराश्चर्यमस्याश्चिरम्,
चेतश्चन्दनचन्द्रमः कमलिनीचिन्तासु सन्ताम्यति।
किन्तु क्षान्तिवशेन शीतलतनुं त्वामेकमेव प्रियम्,
ध्यायन्ती रहसिस्थिता कथमपि क्षीणा क्षणं प्राणिति।। 3।।

राधा की सखी श्रीकृष्ण से राधा की वियोग-व्यथा का मार्मिक वर्णन करती हुई कहती है—हे माधव! कामदेव के ज्वर से पीड़ित होने के कारण कृश एवं दुर्बल बनी राधा के चित्त को शीतलता प्रदान करने वाले चन्दन, चन्द्रमा तथा कमल आदि तो भाते ही नहीं। यहां तक कि उनका नाम लेने से उसकी व्याकुलता और अधिक बढ़ जाती है, परन्तु आश्चर्य है कि तुम्हारे प्रति उसका क्षमा (सहनशीलता) भाव होने के कारण वह तुम्हारे ध्यान और स्मरण को पसन्द करती है। यद्यपि तुम भी चन्दन और चन्द्रमा के समान उसे शीतलता प्रदान करने वाले और उसके रोग का शमन करने वाले हो, तथापि वह तुम्हें अपवाद रूप में चाहती है। यहां तक कि एकान्त में खड़ी होकर तुम्हारा ध्यान करती है। तुम्हारा ध्यान करती-करती वह पर्याप्त क्षीण हो गयी है। समझ लीजिये कि वह बेचारी किसी प्रकार श्वास ले रही है। आप शीघ्र ही उसे अपना संयोग-सुख देकर नवजीवन प्रदान कीजिये।

क्षणमपि विरहः पुरा न सेहे,
नयननिमीलनखिन्नया यया ते।
श्वसिति कथमसौ रसालशाखाम्,
चिरविरहेण विलोक्य पुष्पिताग्राम्।। 4।।

श्रीकृष्ण में राधा की अनन्य अनुरक्ति की दुहाई देकर उसके सुदीर्घ काल के विरह को असह्य बतलाती हुई राधा की सखी श्रीकृष्ण से कहती है—हे वासुदेव ! जो राधा एक क्षण के लिए भी पलक को झपकाने में इसलिए झिझकती थी और दुःख अनुभव करती थी कि उस क्षण में आपका स्वरूप उसके लिए प्रत्यक्ष एवं

दृष्टिगोचर नहीं रहेगा, आपके स्वरूप के दर्शन की ऐसी चातकी राधा के लिए आपका लम्बे समय तक का विरह किस प्रकार सह्य हो सकता है, इसे समझाने की आवश्यकता नहीं। यही कारण है कि वह बेचारी खिले आमों के गुच्छों और उनकी शाखाओं को देखकर संयोग की सर्वोत्तम ऋतु (वसन्त) में भी संयोग-सुख के सुलभ न होने पर लम्बे और ठण्डे सांस लेती है।

अभिप्राय यह है कि इस वसन्त ऋतु में राधा को विरह अत्यधिक व्यथित कर रहा है। उसके लिए विरह-पीड़ा असह्य हो रही है। अतः श्रीकृष्ण को उससे यथाशीघ्र मिलना चाहिए।

वृष्टिव्याकुलगोकुलावनवशादुद्धृत्य गोवर्धनम्,
विभ्रद्वल्लवसुन्दरीभिरधिकानन्दाच्चिरं चुम्बितः।
कन्दर्पेण तदर्पिताधरतटीसिन्दूरमुद्राङ्कितो,
बाहुर्गोपतनोस्तनोतु भवतां श्रेयांसि कंसद्विषः।।5।।

वर्षा (इन्द्र के प्रकोप) से व्याकुल गोकुलवासियों की रक्षा के लिए गोवर्द्धन पर्वत को जड़ से उखाड़कर उन पर छाते के रूप में तानने वाले, व्रजवनिताओं को सुखी करने के लिए उन्हें अपना चुम्बन लेने का पूरा अवसर तथा अधिकार देने वाले तथा काम-पीड़ित सखियों द्वारा अपनी भुजाओं पर रखे लाल कोमल होठों के लाल द्रव्य से अपनी भुजाओं को चिह्नित करवाने वाले (गोपियों ने अपने गाल और होठ श्रीकृष्ण की भुजाओं पर रखे, तो श्रीकृष्ण ने उनके निगूढ़ स्नेह को देखते हुए उन्हें ऐसा करने से रोका नहीं। इस प्रकार दीर्घकाल तक रखे होठों की लाली उनकी भुजाओं पर अंकित हो गयी और इससे उनकी भुजाओं पर लाल निशान पड़ गये।), ग्वालबाल का वेश धारण करने वाले, कंस के शत्रु भगवान् श्रीकृष्ण भक्तों का कल्याण करें तथा उन्हें सब प्रकार से सुखी एवं आनन्दित करें।

।। स्निग्धमाधव नामक चतुर्थ सर्ग समाप्त ।।

पञ्चम सर्ग

[साकांक्ष–पुण्डरीकाक्ष नामक सर्ग]

अहमिह निवसामि याहि राधा-
मनुनय मद्वचनेन चानयेथाः।
इति मधुरिपुणा सखी नियुक्ता स्वय-
मिदमेत्य पुनर्जगाद राधाम्।। 1 ।।

राधा की सखी के मुख से राधा के उपालम्भ और उसकी वियोग-व्यथा को सुनकर अपनी प्रेयसी के प्रति द्रवित एवं भाव-विह्वल हुए श्रीकृष्ण ने दूती (राधा की सखी) से कहा—मैं राधा की प्रतीक्षा में यहां इसी कुञ्ज में बैठा हूं। तुम जाकर मेरी ओर से अनुनय-विनय द्वारा राधा को समझा-बुझाकर उसे यहां मेरे पास ले आओ।

सखी द्वारा राधा से श्रीकृष्ण का सन्देश–कथन

श्रीकृष्ण द्वारा इस प्रकार प्रेरित सखी राधा के पास आकर श्रीकृष्ण का सन्देश निम्नोक्त अष्टपदी में सुनाती हुई उससे इस प्रकार बोली—

वहति मलयसमीरे मदनमुपनिधाय।
स्फुटित कुसुमनिकरे विरहिहृदय-दलनाय।।
तव विरहे वनमाली सखि सीदति।। ध्रुवपद।। 1 ।।

हे राधे ! कामदेव का सहायक, अर्थात् काम को उद्दीप्त करने वाला मलय वायु (शीतल, मन्द और सुगन्धित पवन) के चलने से तथा विरही जनों के हृदयों को विदीर्ण करने वाली पुष्पकलियों के खिलने से उन्मत्त एवं उत्तेजित हुए श्रीकृष्ण तुम्हारे विरह में अत्यन्त ही व्यथित एवं व्याकुल हैं।

दहति शिशिरमयूखे मरणमनुकरोति।
पतति मदनविशिखे विलपति विकलतरोऽति।
तव विरहे वनमाली सखि सीदति।।2।।

राधा की सखी राधा को श्रीकृष्ण की विरह-वेदना से परिचित कराती हुई बोली—राधे! शिशिर ऋतु के चन्द्रमा के उदय होने पर श्रीकृष्ण की वियोग-व्यथा इतनी अधिक बढ़ जाती है कि वे मृत अवस्था को पहुंचे हुए-से दिखाई देने लगते हैं, अर्थात् उनके सभी क्रियाकलाप, गतिविधियां और चेष्टाएं रुक-थम जाती हैं तथा वे कुछ भी करने में सर्वथा असमर्थ हो जाते हैं। शीतल चांदनी में कामदेव के चलाये बाणों से तो वे इस प्रकार बेचैन हो उठते हैं कि अपने ऊपर संयम न रख पाने के कारण विलाप ही करने लग जाते हैं।

राधा की सखी के कथन का अभिप्राय यह है कि यदि राधा श्रीकृष्ण के वियोग में दुखी है, तो श्रीकृष्ण भी उसके वियोग में सन्तप्त हैं। अतः राधा को उपालम्भ आदि देना छोड़कर श्रीकृष्ण से मिलन का उद्यम करना चाहिए।

ध्वनति मधुपसमूहे श्रवणमपि दधाति।
मनसि चलितविरहे निशि-निशि रुजमुपयाति।
तव विरहे वनमाली सखि सीदति।।3।।

श्रीकृष्ण के पास से लौटी राधा की सखी राधा को श्रीकृष्ण की विह्वलता तथा वियोगातुरता से परिचित कराती हुई बोली—हे राधे! भ्रमरसमूह के मधुर गान को अपने कानों में न पड़ने देने के लिए श्रीकृष्ण अपने कान ही बन्द कर देते हैं। तुम्हारे वियोग में उन्हें कुछ भी अच्छा नहीं लगता। स्थिति यहां तक पहुंच गयी है कि तुम्हारा स्मरण करते ही श्रीकृष्ण का मन इस प्रकार विचलित और व्यथित हो जाता है कि पूरी-की-पूरी रात उन्हें रो-रोकर ही बितानी पड़ती है।

अभिप्राय यह है कि यदि तुम (राधा) श्रीकृष्ण के वियोग में दुखी हो, तो श्रीकृष्ण भी उसी अनुपात में, नहीं-नहीं, तुमसे भी बढ़कर कहीं अधिक दुखी हैं। वे अन्य सभी गोपियों को छोड़कर केवल तुम्हारा ही चिन्तन-स्मरण करते हैं तथा तुम्हारे संयोग के लिए तड़पते-बिलखते हैं। अतः तुम्हें शीघ्र उनके पास चलने का मन बनाना चाहिए।

वसति विपिनविताने त्यजति ललित-धाम।
लुठति धरणिशयने बहु विलपति तव नाम।
तव विरहे वनमाली सखि सीदति।।4।।

श्रीकृष्ण की वियोग-व्यथा से राधा को परिचित कराती हुई उसकी सखी

बोली—सखि ! तुम्हारे वियोग में व्यथित श्रीकृष्ण अपने सुन्दर और सुखद धाम को छोड़कर वन-वन में भटक रहे हैं। वे कठोर धरती पर सोते हैं और तुम्हारा नाम ले-लेकर विलाप करते हैं। इस प्रकार वे भी तुम्हारे समान तुम्हें मिलने को आकुल-व्याकुल हैं।

रणति पिकसमुदाये प्रतिदिशमनुयाति।
हसति मनुजनिचये विरहमपलपति नेति।
तव विरहे वनमाली सखि सीदति।।5।।

श्रीकृष्ण की वियोग-व्यथा का वर्णन करती हुई राधा की सखी राधा से कहती है—राधे ! कोयलों के झुण्ड के एक-साथ गाने—कुहू-कुहू का नाद करने—पर श्रीकृष्ण उन्मत्त की भांति एक दिशा से दूसरी दिशा में भागते-फिरते रहते हैं। उनकी इस दशा को देखकर जब लोग उन पर हंसते और व्यंग्य करते हैं, तो वे निराश और खिन्न होकर विरह को कोसते हुए कहते हैं—तुम क्यों मुझसे चिपके हो, क्यों मेरा पीछा नहीं छोड़ते हो? अतः राधे! श्रीकृष्ण की इस दशा को देखकर उनसे यथाशीघ्र मिलने को चलो।

स्फुरति कलरवं रावे स्मरति भणितमेव।
तव रतिसुखविभवे बहुगणयति गुणमतीव।
तव विरहे वनमाली सखि सीदति।।6।।

राधा की सखी राधा में श्रीकृष्ण की गहन अनुरक्ति और विरह-विकलता से उसे परिचित कराती हुई बोली—राधे ! पक्षियों के कलकल नाद को सुनकर श्रीकृष्ण को तुम्हारी मधुर और संगीतमय (सुरीली) वाणी की स्मृति हो आती है तथा तुम्हारे साथ भोगे रतिसुख को स्मरण करते ही वे लज्जा और मर्यादा को भूलकर तुम्हारे संग भोगे क्षणों की महिमा का वर्णन करते थकते ही नहीं हैं। अतः तुम उपालम्भ ही न देती रहो, मिलन के लिए प्रस्थान करो।

त्वदभिधशुभदमासं वदति नरि शृणोति।
तमपि जपति सरसं परयुवतिषु न रतिमुपैति।
तव विरहे वनमाली सखि सीदति।।7।।

राधा की सखी राधा में श्रीकृष्ण की अनन्य आसक्ति और उसके विरह में उनकी व्याकुलता से उसे परिचित कराती हुई बोली—राधे ! यदि कोई तुम्हारे नाम से सम्बोधित किये जाने वाले मास का नाम लेता है, तो उस नाम से तुम्हारा बोध होने से श्रीकृष्ण उत्सुक होकर अपने कान उधर लगा देते हैं। बड़े ही प्रेम

से उस नाम (राधा नाम) को न केवल वे सुनते हैं, अपितु स्वयं उस नाम का उच्चारण ही नहीं, एक प्रकार से जाप भी करते हैं। उल्लेखनीय यह है कि विरह की इस विषम स्थिति में भी उनका ध्यान किसी अन्य स्त्री की ओर नहीं जाता। वे तुम्हारे सिवाय किसी भी अन्य युवती के साथ रति-भोग के विषय में सोचते तक नहीं हैं।

टिप्पणी : चैत्र मास का एक नाम 'राधा' मास है और इसी प्रकार वैशाख मास का एक नाम माधव मास है। इस प्रकार चैत्र-वैशाख को राधा-माधव मास भी कहा जाता है। कहीं-कहीं राधा के स्थान पर मधु (मधु-माधव) शब्द का प्रयोग भी किया जाता है।

भणति कवि जयदेवे विरहविलसितेन।
मनसि रभसविभवे हरिरुदयतु सुकृतेन।
तव विरहे वनमाली सखि सीदति।। 8।।

जयदेव कवि की मानसिक अभिलाषा है कि राधा के प्रति श्रीकृष्ण के इस प्रकार के अनन्य एवं आनन्दपूर्ण अनुराग के पुण्यमय एवं पुनीत वर्णन को पढ़ने वाले भक्त पाठकों के अन्तःकरण में श्रीकृष्ण का प्राकट्य और निवास हो।

राधा में श्रीकृष्ण की अनुरक्ति का वर्णन

पूर्वं यत्र समं त्वया रतिपतेरासादिताः सिद्धय-
स्तस्मिन्नेव निकुञ्जमन्मथमहातीर्थे पुनर्माधवः।
ध्यायंस्त्वामनिशं जपन्नपि तवैवालापमन्त्रावलिं,
भूयस्त्वत्कुचकुम्भनिर्भरपरीरम्भामृतं वाञ्छति।। 1।।

राधा की सखी श्रीकृष्ण की उसमें अनन्य और निश्चल अनुरक्ति के सम्बन्ध में उसे आश्वस्त करती हुई कहती है—राधे! श्रीकृष्ण ने पहले तुम्हारे साथ जिस कुञ्ज में रति-विलास करते हुए विविध मनोरम चेष्टाएं—आलिंगन, चुम्बन, उत्पीड़न तथा घर्षण आदि—की थीं, कामदेव के महान् तीर्थ बने उसी कुञ्ज में बैठे हुए वे आज भी उत्सुकता और व्याकुलता से तुम्हारी प्रतीक्षा कर रहे हैं।

तुम्हारे मनभावन रतिस्थल वाले कुञ्ज को ही तीर्थ (पवित्र एवं पुण्यमय स्थान) मानकर श्रीकृष्ण वहां बैठे तुम्हारे ध्यान में खोये हुए हैं। तुम्हारे नाम के अक्षरों को सिद्ध मन्त्र मानकर वे उसकी माला जप रहे हैं। वे तो तुम्हारे उन्नत, विशाल और स्थूल कुचरूपी कुम्भों के अमृत को पीने और उनका जमकर मर्दन

करने तथा तुम्हारा गाढ़ आलिंगन करने के सुख को भोगने की इच्छा से तप-साधन कर रहे हैं। अतः तुम मान और क्रोध को छोड़कर शीघ्र उनके पास पहुंचो और उन्हें तथा अपने को कृतकृत्य करो।

सखी का राधा को मान छोड़ने का सुझाव

राधा की सखी निम्नोक्त अष्टपदी में राधा को मान और क्रोध को छोड़ने का सुझाव देती हुई तथा श्रीकृष्ण के पास अविलम्ब चलने के लिए प्रेरित करती हुई इस प्रकार कहती है—

रतिसुखसारे गतमभिसारे मदनमनोहरवेशम्।
न कुरु नितम्बिनि गमनविलम्बनमनुसर तं हृदयेशम्।
धीरसमीरे यमुनातीरे वसति वने वनमाली।
गोपीपीनपयोधरमर्दनचञ्चलकरयुगशाली।। ध्रुवपद।। 1।।

राधा की सखी राधा का सही मार्गदर्शन करती हुई बोली—हे नितम्बिनि! (स्त्रियों की कमर का पतला होना जिस प्रकार सौन्दर्य का लक्षण माना जाता है, उसी प्रकार उनके नितम्बों का भारी होना भी उनके सौन्दर्य को बढ़ाने वाला माना जाता है, क्योंकि रति-भोग में पुरुष इन्हीं को थपथपाता है।) गोपियों के भारी और उठे हुए स्तनों का मर्दन करके उन्हें सुखी और आनन्दित करने में दक्ष वनमाली (श्रीकृष्ण) इस समय यमुना के किनारे अकेले बैठे हैं। मन्द, शीतल और सुगन्धित वायु चल रही है। यह तुम भली-भांति जानती हो कि श्रीकृष्ण रति तत्त्व के कुशल वेत्ता (जानकार) हैं। वे कामदेव के सदृश सुन्दर और मोहक हैं। उनकी छवि बड़ी ही लुभावनी है। उन्हें अपने समीप पाकर कोई भी स्त्री उनके सम्मोहन से अपने को बचाना नहीं चाहती—इस तथ्य को भी तुम भली प्रकार जानती हो। फिर वे इस समय तुम्हारे स्पर्श-सुख के लिए एवं तुम्हारे साथ अभिसार (छिपकर रति-विलास) करने के लिए आकुल हो रहे हैं। अतः हे सखि! इस अवसर को हाथ से न जाने दो। अपने प्राणेश्वर के पास जाने में विलम्ब न करो। उन्हें संयोग-सुख देकर अपने जीवन को कृतकृत्य करो।

नामसमेतं कृतसङ्केतं वादयते मृदुवेणुम्।
बहुमनुते ननु ते तनुसङ्गतपवनचलितमपि रेणुम्।
धीरसमीरे यमुनातीरे वसति वने वनमाली।
गोपीपीनपयोधरमर्दनचञ्चलकरयुगशाली।। 2।।

राधा के प्रति श्रीकृष्ण के मोह का वर्णन करके उसकी सखी उसे मान को

छोड़ने और श्रीकृष्ण के पास अविलम्ब जाने के लिए प्रोत्साहित करती हुई कहती है—राधे ! श्रीकृष्ण तुम्हारे नाम का संकेत करने वाली वायु को वंशी में भरकर उसे बजाते हुए उससे 'राधे-राधे' की ध्वनि निकाल रहे हैं। यहां तक कि तुम्हारे शरीर को छूकर वायु के वेग से उड़कर आयी धूल को भी वे बहुत सम्मान दे रहे हैं। उस धूल को अपने लिए मूल्यवान् तथा उसके स्पर्श से अपने को कृतकृत्य समझ रहे हैं।

पतति पतत्रे विचलति पत्रे शङ्कितभवदुपयानम्।
रचयति शयनं सचकितनयनं पश्यति तव पन्थानम्।
धीरसमीरे यमुनातीरे वसति वने वनमाली।
गोपीपीनपयोधरमर्दनचञ्चलकरयुगशाली।। 3।।

श्रीकृष्ण की राधा से मिलन की उत्कट आकांक्षा के साथ उत्सुकता और आतुरता का परिचय राधा को कराती हुई उसकी सखी बोली—राधे ! श्रीकृष्ण तुम्हारी प्रतीक्षा में कुञ्ज में बैठे हुए पक्षियों के उड़ने के शब्द को तथा पत्तों की खड़खड़ाहट को सुनकर तुम्हारे आने की सम्भावना से प्रसन्नचित्त होकर तुम्हारे स्वागत के लिए सावधान हो जाते हैं तथा तुम्हारे बैठने के लिए आसन बिछाने लग जाते हैं। वे आंखें फाड़-फाड़कर इधर-उधर देखने लगते हैं और फिर तुम्हें न पाकर निराश एवं खिन्न हो जाते हैं।

मुखरमधीरं त्यज मञ्जीरं रिपुमिव केलिषु लोलम्।
चल सखि कुञ्जं सतिमिरपुञ्जं शीलय नीलनिचोलम्।
धीरसमीरे यमुनातीरे वसति वने वनमाली।
गोपीपीनपयोधरमर्दनचञ्चलकरयुगशाली।। 4।।

राधा की सखी श्रीकृष्ण की वियोग-विह्वलता की जानकारी राधा को देकर उससे अविलम्ब श्रीकृष्ण के पास जाने का अनुरोध करती हुई कहती है—हे सखि ! चञ्चल, बहुत बजने वाले और काम-क्रीड़ा की एकान्तता को खण्डित करने वाले शत्रुरूपी नूपुरों को उतार फेंको। इन्हें पहनकर चलने से एक तो इनके बजने से दूसरों को तुम्हारे जाने की जानकारी हो जायेगी, दूसरे, जब तुम श्रीकृष्ण के साथ रति-विलास करोगी, तो इन नूपुरों के बजने से यह क्रिया गुप्त नहीं रह पायेगी। इससे दोनों में थोड़ा-बहुत लज्जा का भाव आ जायेगा, जिससे स्वच्छन्द और उन्मुक्त विलास नहीं हो पायेगा। इस प्रकार तुम्हारे नूपुर तुम्हारे आनन्द-भोग में शत्रु के समान बाधक बन जायेंगे और तुम सच्चे आनन्द से वञ्चित हो जाओगी। अतः तुम इनका परित्याग कर दो।

इसके अतिरिक्त इस अंधेरी रात्रि में तुम काले-नीले वस्त्रों को धारण करके दूसरों की दृष्टि से बचती हुई अन्धकार में निश्शंक होकर अन्धकार से ढके कुञ्ज में श्रीकृष्ण के पास पहुंचकर और निर्भय होकर उनके साथ रमण करो। रतिभोग में लज्जा और संकोच को बिलकुल ही आड़े न आने दो। इसके विपरीत पूर्ण समर्पित होकर रतिक्रिया का भरपूर आनन्द लो।

टिप्पणी : दूसरों से छिपकर रात्रि में अपने प्रेमी से एकान्त में मिलने के लिए जाने वाली प्रेमिका 'अभिसारिका' कहलाती है और मिलन का यह उद्यम 'अभिसार' कहलाता है। दूसरों की दृष्टि से बचने के लिए अभिसारिका को चांदनी रातों में श्वेत वस्त्रों को तथा अंधेरी रात्रि में काले-नीले वस्त्रों को धारण करने का परामर्श दिया गया है। कहने की आवश्यकता नहीं कि चांदनी रात में काली-नीली वस्तु और अंधेरी रात में सफ़ेद वस्तु आंखों को सहसा अपनी ओर खींचती है, जबकि इसके ठीक विपरीत चांदनी रात में श्वेत और कृष्ण पक्ष में श्याम वस्तु की ओर किसी का ध्यान ही नहीं जाता। इससे छिपकर जाने में सुविधा रहती है।

उरसि मुरारेरुपहितहारे घन इव तरलबलाके।
तडिदिव पीते रतिविपरीते राजसि सुकृतविपाके।
धीरसमीरे यमुनातीरे वसति वने वनमाली।
गोपीपीनपयोधरमर्दनचञ्चलकरयुगशाली।। 5 ।।

राधा को श्रीकृष्ण के पास जाने के लिए उत्साहित एवं प्रेरित करती हुई उसकी सखी बोली—श्रीकृष्ण के वियोग में उदास और खिन्न होने से पीले पड़े चेहरे वाली राधे ! मेघों में बकुलों की पंक्तियों के समान अपने सांवले शरीर पर चमकीले मोतियों की माला को धारण करने से सुसज्जित तथा बड़े ही पुण्यों से प्राप्त होने वाले श्रीकृष्ण के पास जाकर उसकी छाती पर लेट जाओ और फिर विपरीत रति का सुख लूटकर बिजली के समान चमको, अर्थात् आनन्द और हर्ष से उत्फुल्ल होकर जीवन को सफल बनाओ।

टिप्पणी : जब पुरुष स्त्री को नीचे लिटाकर और स्वयं उसके ऊपर चढ़कर उसके साथ रति-भोग करता है, तो वह क्रिया सहज होने से 'सामान्य रति' कहलाती है, परन्तु जब इसके ठीक उलटे स्त्री पुरुष के ऊपर चढ़कर उसके साथ रति-भोग (घर्षण) करती है, तो वह क्रिया अप्राकृतिक होने से 'विपरीत रति' कहलाती है। कुछ स्त्रियों को सामान्य रति की अपेक्षा विपरीत रति से ही अधिक आनन्द मिलता है। अतः वे इसे पसन्द करती हैं।

विगलितवसनं परिहृतरशनं घटय जघनमपिधानम्।
किसलयशयने पङ्कजनयने निधिमिव हर्षनिधानम्।
धीरसमीरे यमुनातीरे वसति वने वनमाली।
गोपीपीनपयोधरमर्दनचञ्चलकरयुगशाली।।6।।

राधा की सखी राधा को श्रीकृष्ण के पास जाने के लिए और उनके साथ निश्शंक तथा उन्मुक्त-भाव से रति-भोग करने के लिए उसे प्रेरित करती हुई कहती है—सखि! कोमल पत्तों की सेज पर लेटे कमलनयन (कमल के पत्ते के समान विशाल और मोहक नेत्रों वाले) श्रीकृष्ण के पास जाकर न केवल अपने वस्त्रों को उतार फेंकना, अपितु कमर में बंधी करधनी को भी उतार देना और फिर लज्जा को छोड़कर श्रीकृष्ण के साथ उन्मुक्त-भाव से जमकर क्रीड़ा का आनन्द उठाना।

हरिरभिमानी रजनिरिदानीमियमपि याति विरामम्।
कुरु मम वचनं सत्वररचनं पूरय मधुरिपुकामम्।
धीरसमीरे यमुनातीरे वसति वने वनमाली।
गोपीपीनपयोधरमर्दनचञ्चलकरयुगशाली।।7।।

राधा को झकझोरती हुई उसकी सखी कहती है—हे राधे! श्रीकृष्ण स्वाभिमानी हैं। अतः वे स्वयं तुम्हारे पास चलकर नहीं आयेंगे, तुम्हें ही उनके पास जाना होगा। फिर यह रात भी बीती जा रही है। यदि तुमने हठ को न छोड़ा, तो फिर तुम्हें दिन-भर पछताते ही रहना पड़ेगा। अतः तुम्हारा हित इसी में है कि मेरा कहना मानकर शीघ्रता से श्रीकृष्ण के पास जाओ और फिर उनकी तथा अपनी अभिलाषा पूर्ण कर उन्हें और अपने को कृतार्थ करो।

श्रीजयदेवे कृतहरिसेवे भणति परमरमणीयम्।
प्रमुदितहृदयं हरिमति सदयं नमत सुकृतकमनीयम्।
धीरसमीरे यमुनातीरे वसति वने वनमाली।
गोपीपीनपयोधरमर्दनचञ्चलकरयुगशाली।।8।।

सज्जन एवं प्रेमी भक्त श्रीकृष्ण के अनन्य भक्त जयदेव कवि द्वारा रचित इस अति सुन्दर अष्टपदी के पाठ के व्याज से श्रीकृष्ण का अर्चन-स्मरण एवं आराधन करके उनकी कृपा के रूप में पुण्यों का फल प्राप्त करें।

सखी द्वारा राधा को श्रीकृष्ण से मिलने की प्रेरणा देना

विकिरति मुहुः श्वासानाशाः पुरो मुहुरीक्षते,
प्रविशति मुहुः कुञ्जं गुञ्जन् मुहुर्बहु ताम्यति।
रचयति मुहुः शय्यां पर्याकुलं मुहुरीक्षते,
मदनकदनक्लान्तः कान्ते प्रियस्तव वर्तते।। 1।।

राधा की आतुरता से प्रतीक्षा करते श्रीकृष्ण की व्याकुलता का राधा को परिचय देती हुई उसकी सखी बोली—राधे ! तुम्हारे वियोग में व्यथित श्रीकृष्ण बार-बार लम्बी-लम्बी और ठण्डी-ठण्डी आहें भरते हैं, तुम्हारे आने की आशा से बार-बार प्रवेशद्वार की ओर देखते हैं और बार-बार गुनगुनाते हुए अपने ऊपर खीजते हैं कि मैंने राधा को रुष्ट क्यों कर दिया? कुञ्ज में आकर तुम्हारे (राधा के) स्वागत में बार-बार नये ढंग से शैया बिछाते हैं और फिर बड़ी ही अधीरता से बार-बार चारों दिशाओं की ओर देख़ते हैं।

मेरी प्यारी सखि, सुन्दरी राधे ! इस समय तुम्हारे प्रियतम कामदेव के पाश में बुरी तरह जकड़े हुए हैं। वे काम के आवेग को संभाल नहीं पा रहे हैं। अतः इस अवसर को हाथ से मत जाने दो। शीघ्र ही प्रियतम के पास जाकर उन्हें सुखी और अपने को धन्य बनाओ।

त्वद्वाम्येन समं समग्रमधुना तिग्मांशुरस्तङ्गतो,
गोविन्दस्य मनोरथेन च समं प्राप्तं तमः सान्द्रताम्।
कोकानां करुणस्वरेण सदृशी दीर्घा मदभ्यर्थना,
तन्मुग्धे विफलं विलम्बनमसौ रम्योऽभिसार-क्षणः।। 2।।

राधा को समझाती-बुझाती हुई उसकी सखी बोली—सखि ! देखो, तुमने दिन-भर उलटी चाल चली और अपने प्रियतम श्रीकृष्ण को तड़पाया। अब तो सूर्य अस्त हो गया है और दिन की उष्णता के साथ किसी के द्वारा देखे जाने की आशंका भी समाप्त हो गयी है। इधर अन्धकार के बढ़ने के साथ तुम्हारे बुलाने पर आये श्रीकृष्ण की तुम्हारे साथ भोग की इच्छा भी बढ़कर चरम सीमा को पहुंच गयी है। चकवा-चकवी के करुण विलाप के समान मैं भी तुमसे मनुहार करती और तुम्हें समझाती-बुझाती थक गयी हूं। अब तुम्हारा हित इसी में है कि तुम अधिक सोच-विचार मत करो, अपने अहंकार को छोड़कर शीघ्र ही प्रियतम के पास प्रयाण करो। छिपकर जाने का यह सर्वाधिक उपयुक्त समय है।

इस समय विलम्ब करना मूर्खता है, समय का पूरा-पूरा लाभ उठाने में ही बुद्धिमत्ता है।

टिप्पणी : काव्य जगत् में यह प्रसिद्ध है कि चकवा-चकवी दिन में इकट्ठे रहते हैं और सायंकाल होते ही बिछड़ जाते हैं। सूर्यास्त के पश्चात् और अन्धकार के फैलने से पहले की मध्यावधि में दोनों— चकवा-चकवी—बिछड़ते समय करुण विलाप करते हैं। अंधेरा होते ही उनकी वार्णी अवरुद्ध हो जाती है।

आश्लेषादनु चुम्बनादनु नखोल्लेखादनुस्वान्तजा-
त्प्रोद्बोधादनु सम्भ्रमादनु रतारम्भादनु प्रीतयोः।
अन्यार्थं गतयोर्भ्रमान्मिलितयोः सम्भाषणैर्जानतो-
र्दम्पत्योर्निशि को न को न तमसि व्रीडाविमिश्रो रसः।।3।।

राधा की सखी राधा को उसके वियोग में श्रीकृष्ण की विह्वलता तथा व्याकुलता से परिचित कराने के पश्चात् अन्धकार में छिपकर संकेतित मिलनस्थल पर शीघ्र ही जाने के लिए प्रेरित करती हुई बोली—राधे ! प्रेमिका तथा प्रेमी का जोड़ा रात के अंधेरे में जब संकेतित एवं निश्चित स्थान तथा निश्चित समय पर एक-दूसरे को मिलता है, तो अन्धकार के कारण दोनों एक-दूसरे को देख-पहचान नहीं पाते, अर्थात् एक-दूसरे के रूप-सौन्दर्य के दर्शन का सुख नहीं उठा पाते। एक-दूसरे के साथ बातचीत से ही दोनों को अपने प्रिय की उपस्थिति का बोध होता है। इस स्थिति तक तो अन्धकार उन दोनों के बीच बाधा बनकर खड़ा रहता है, परन्तु जब दोनों आपस में एक-दूसरे का आलिंगन करते हैं, एक-दूसरे के शरीर को अपने नाखूनों से कुरेदते हैं, प्रेमी प्रेमिका के कुचों का स्पर्श-मर्दन करता है और प्रेमिका प्रेमी को अपनी भुआओं में भींचती है, दोनों एक-दूसरे को दांतों से काटते और चूमते हैं और इस प्रकार कामोद्दीप्त होकर दोनों रति-भोग में प्रवृत्त हो जाते हैं, तो उस समय अन्धकार में दोनों का लज्जा-भाव जाता रहता है। दोनों का एक-दूसरे से वास्तविक परिचय हो जाता है और दोनों अलौकिक एवं रसीले सुख की मादक अनुभूति से कृतकृत्य हो उठते हैं। इस रूप में अन्धकार रति-भोग में सहायक बन जाता है।

सखी के कथन का अभिप्राय यह है कि राधा को यह आशंका नहीं करनी चाहिए कि अन्धकार के कारण श्रीकृष्ण से उसका मिलन हो भी पायेगा अथवा नहीं? राधा की सखी उसे विश्वास दिलाती है कि ज्यों ही वह श्रीकृष्ण को पुकारेगी, उसका अपने प्रियतम से मिलन ही नहीं हो जायेगा, अपितु सच्चा परिचय भी हो जायेगा। वह रति-भोग के वास्तविक आनन्द को भी भोग पायेगी। अतः उसे अन्धकार को बाधा समझने की आशंका नहीं करनी चाहिए।

सभयचकितं विन्यस्यन्ती दृशौ तिमिरे पथि,
प्रतितरुमुहुः स्थित्वा मन्दं पदानि वितन्वतीम्।
कथमपि रहःप्राप्तामङ्गैरनङ्गतरङ्गिभिः,
सुमुखि सुभगः पश्यन् स त्वामुपैतु कृतार्थताम्।। 4।।

राधा की सखी राधा को श्रीकृष्ण के पास अविलम्ब जाने के लिए प्रोत्साहित करती हुई बोली—प्रिय सखि ! मैं तुम्हें विश्वास दिलाती हूं कि अंधेरे में चारों ओर ध्यान से देखती, डरती-घबराती तुम जब कठिनता से एक-एक पग आगे बढ़ाओगी, मार्ग में पड़ने वाले प्रत्येक वृक्ष के नीचे रुककर खड़ी हो जाओगी, फिर बड़ी सावधानी से धीरे-धीरे आगे सरकोगी, तुम्हें संकेतित स्थल में आया देखकर तथा तुम्हारे शरीर में व्याप्त कामदेव के कारण तुम्हें पुलकित तथा अधीर बनी देखकर श्रीकृष्ण अपने आपको अत्यन्त कृतार्थ एवं सौभाग्यशाली समझेंगे, वे तुम्हारा स्वागत एवं अभिनन्दन करेंगे। तुम्हें किसी प्रकार से अपने को निराश एवं अपमानित अनुभव नहीं करना पड़ेगा।

राधामुग्धमुखारविन्दमधुपस्त्रैलोक्यमौलिस्थली,
नेपथ्योचितनीलरत्नमवनीभारावतारक्षमः।
स्वच्छन्दं व्रजसुन्दरीजनमनस्तोषप्रदोषश्चिरं,
कंसध्वंसनधूमकेतुरवतु त्वां देवकीनन्दनः।। 5।।

राधा के मोहक मुखरूपी कमल के भ्रमर बने तथा तीनों लोकों के शिरोमणि, नीले रत्नों से अपने वेश को विभूषित करने में कुशल, पृथ्वी के भार का हरण करने में पूर्ण समर्थ, ब्रजसुन्दरियों की आकांक्षा के अनुरूप उनके मन को हर्षित करने वाले तथा कंस का विनाश करने में धूमकेतु की उपमा धारण करने वाले देवकीनन्दन भगवान् श्रीकृष्ण भक्तों की रक्षा करें।

।। साकांक्ष-पुण्डरीकाक्ष नामक पञ्चम सर्ग समाप्त।।

षष्ठ सर्ग

[सोत्कण्ठ धन्यबैकुण्ठ नामक सर्ग]

अथ तां गन्तुमशक्तां चिरमनुरक्तां लतागृहे दृष्ट्वा।
तच्चारितं गोविन्दे मनसिजमन्दे सखी प्राह।। 1।।

सखी से प्रेरित तथा कामोद्दीप्त राधा श्रीकृष्ण के समीप संकेतित स्थल पर पहुंच तो गयी, परन्तु श्रीकृष्ण के निकट पहुंचकर भी तथा मिलन की उत्सुकता होने पर भी सहज लज्जा तथा आशंका के कारण वह श्रीकृष्ण से कुछ कह न सकी।

इस प्रकार श्रीकृष्ण में अनुरक्त, चिरकाल से मिलन के लिए उत्सुक तथा कामपीड़ा से विह्वल, परन्तु सहज लज्जा के कारण श्रीकृष्ण के निकट जाने में असमर्थ बनी राधा को लतागृह में आया देखकर उसकी एक सखी ने श्रीकृष्ण को उसके आगमन की सूचना देते हुए उसकी उत्तेजना और विवश मनःस्थिति से निम्नोक्त रूप से परिचित कराया।

सखी द्वारा श्रीकृष्ण को राधा के आगमन की सूचना देना

राधा की सखी श्रीकृष्ण के समक्ष राधा के आगमन और उसकी मनःस्थिति का वर्णन निम्नोक्त अष्टपदी में इस प्रकार से करती है—

पश्यति दिशि दिशि रहसि भवन्तम्।
त्वदधरमधुरमधूनि पिबन्तम्।
नाथ हरे जय नाथ हरे सीदति राधा वासगृहे।। ध्रुवपद।। 1।।

राधा की सखी राधा के आगमन की और शील-संकोचवश मुख न खोल पाने की सूचना श्रीकृष्ण को देती हुई बोली—हे माधव! लतागृह में आकर एकान्त में मौन बैठी हुई राधा सभी दिशाओं में आपको ढूंढ़ती हुई-सी इधर-उधर चारों

ओर देख रही है। वह आपको अपने अधर के मधुर रस को पिलाने को अकुला रही है तथा उपयुक्त अवसर की अधीरता से प्रतीक्षा कर रही है, अर्थात् वह आकुलता एवं उत्सुकता से देख रही है कि कब आप उसे अपनी भुजाओं में समेटकर उसके अधर का मधुर रस पीते हैं।

हे नाथ ! राधा का मन आपसे मिलने को व्याकुल है। आप उसके मौन को उसका अहंकार न समझें, अपितु इसे उसकी नारी-सुलभ लज्जा समझकर उसके प्रति उदारता दिखाते हुए तथा केलिगृह में विरह-व्यथा से तड़पती राधा को अपना संयोग देकर, अर्थात् साथी बनाकर सुखी बनायें।

त्वदभिसरणरभसेन वलन्ती।
पतति पदानि कियन्ति चलन्ती।
नाथ हरे जय नाथ हरे सीदति राधा वासगृहे।।2।।

राधा की विरह-व्यथा की तीव्रता, विषमता और मार्मिकता से श्रीकृष्ण को परिचित कराती हुई उसकी सखी बोली—श्रीकृष्ण ! राधा तुम्हारे संयोग-सुख को पाने के लिए उत्सुक ही नहीं, अपितु उत्कण्ठित और व्याकुल भी है, परन्तु उसकी विवशता यह है कि वह वियोग में इतनी अधिक कृश और दुर्बल हो गयी है कि वह बड़ी कठिनता से आपकी ओर दो पग ही बढ़ा पाती है कि धरती पर गिर पड़ती है। अतः चाह करके और यत्न करके भी वह आप तक नहीं पहुंच पाती। इस स्थिति में मेरा आपसे अनुरोध है कि आप वास्तविकता को समझने और उसकी रक्षा करने की कृपा करें।

विहितविशदबिसकिसलयवलया।
जीवति परमिह तव रतिकलया।
नाथ हरे जय नाथ हरे सीदति राधा वासगृहे।।3।।

राधा की सखी कृष्ण को राधा की विह्वलता और चल-फिर सकने में उसकी अशक्तता की जानकारी कराकर उनसे स्वयं आगे बढ़कर राधा को अपनाने का अनुरोध करती हुई कहती है—हे माधव! कमलनाल के उज्ज्वल एवं नवीन अंकुरों को कंगन बनाकर अपने हाथों में पहनकर आयी, अर्थात् आपके साथ मिलन के लिए सजी-धजी राधा रतिकाल में आपकी निपुणता का स्मरण करके ही जीवित है, अन्यथा वह अपने प्राण कब की त्याग चुकी होती। अतः आप उसे अधिक न तड़पायें, अपने सहवास के सुख से उसे कृतार्थ करें।

इस प्रकार सखी राधा द्वारा श्रीकृष्ण की रतिनिपुणता की प्रशंसा का उनसे उल्लेख करके उन्हें उत्तेजित और अधीर बनाने का प्रयास कर रही है।

मुहुरवलोकितमण्डनलीला।
मधुरिपुरहमिति भावनशीला।
नाथ हरे जय नाथ हरे सीदति राधा वासगृहे।।4।।

राधा की सखी श्रीकृष्ण में राधा की अनन्यता तथा गहन आसक्ति का उन्हें परिचय देकर कहती है—हे माधव ! आपमें अत्यन्त प्रगाढ़ और अनन्य अनुराग के कारण ही राधा आपको सुन्दर और प्रिय लगने वाले कुण्डल आदि अलंकारों को धारण किये हुए है। विडम्बना यह है कि इस प्रक्रिया में वह अपने आपको कृष्ण समझने लगती है और फिर कृष्ण रूप में वह अपने उन आभूषणों को बार-बार देखती और उनकी शोभा से चमत्कृत हो उठती है।

त्वरितमुपैति न कथमभिसारम्।
हरिरिति वदति सखीमनुवारम्।
नाथ हरे जय नाथ हरे सीदति राधा वासगृहे।।5।।

राधा की सखी श्रीकृष्ण से राधा की विह्वलता तथा लज्जावश कुछ न कह पाने की उसकी विवशता का वर्णन करती हुई कहती है—हे माधव ! आपके समक्ष आने और कुछ कहने में अपने को असमर्थ पाने वाली मेरी सखी राधा मुझसे बार-बार पूछती है—श्रीकृष्ण संकेतित स्थल पर अभिसार के लिए अब तक क्यों नहीं आये ? वह शीघ्रता से इधर क्यों नहीं आते ? उन्हें शीघ्रता से आने के लिए कहो न !

श्लिष्यति चुम्बति जलधरकल्पम्।
हरिरुपगत इति तिमिरमनल्पम्।
नाथ हरे जय नाथ हरे सीदति राधा वासगृहे।।6।।

राधा की सखी श्रीकृष्ण को उनसे राधा के मिलन की उत्सुकता एवं आतुरता से परिचित कराती हुई बोली—हे नाथ ! जल से भरे काले बादलों के समान इस घने अन्धकार में आपको आया हुआ समझकर मेरी सखी राधा शून्य का ही आलिंगन और उसी का चुम्बन करने लग जाती है। अतः मेरा आप से निवेदन है कि अपने प्रति इस प्रकार से समर्पित तथा अत्यन्त उत्तेजित राधा को और अधिक दुखी मत करो, शीघ्र ही चलकर उससे मिल लो।

भवति विलम्बिनि विगलितलज्जा।
विलपति रोदिति वासकसज्जा।
नाथ हरे जय नाथ हरे सीदति राधा वासगृहे।।7।।

राधा की सखी श्रीकृष्ण से बोली—हे माधव ! आपके साथ रति-भोग के

लिए उद्यत और शैया को सजाकर बैठी (वासकसज्जा नायिका) राधा आपके पहुंचने में देर होने पर लज्जा को छोड़कर (निर्लज्ज होकर) बिलखती और रुदन करती है।

टिप्पणी : प्रियतम से मिलन के लिए सजी-धजी हुई और सेज बिछाकर उसकी प्रतीक्षा में बैठी हुई नायिका 'वासकसज्जा नायिका' कहलाती है।

श्रीजयदेवकवेरिदमुदितम्।
रसिकजनं तनुतामति मुदितम्।
नाथ हरे जय नाथ हरे सीदति राधा वासगृहे ।। 8 ।।

कविप्रवर जयदेव द्वारा अष्टपदों में ग्रथित राधा की सखी द्वारा श्रीकृष्ण को दिया गया सन्देशपरक यह काव्य रसिक भक्तों को आनन्द देने वाला सिद्ध हो।

सखी द्वारा श्रीकृष्ण से राधा से मिलन का आग्रह

विपुलपुलकपालिः स्फीतसीत्कारमन्त-
र्जनितजडिमकाकुव्याकुलं व्याहरन्ती।
तव कितव? विधायामन्तकन्दर्पचिन्ती,
रसजलधिनिमग्ना ध्यानलग्ना मृगाक्षी ।। 1 ।।

राधा की सखी श्रीकृष्ण को सम्बोधित करती हुई कहती है—

छलिया श्रीकृष्ण ! शृंगार रस के सागर में डुबकी लगाने वाली, अर्थात् रति-विलास में अपने आपको भुला देने वाली और अपने साथी को भरपूर आनन्द देने वाली, मृगनयनी (रूपवती एवं चञ्चल) राधा आपका ध्यान करती हुई कभी तो हर्ष के अतिरेक से रोमाञ्चित हो उठती है, कभी मुख से 'सी-सी' की ध्वनि निकालने लगती है और फिर कभी व्याकुलता के बढ़ जाने के कारण जड़-सी बन जाती है।

इस स्थिति में पहुंची राधा के प्रति आपका यह कर्तव्य बन जाता है कि उसे संयोग-सुख देकर वेदना से मुक्त करें।

अङ्गेष्वाभरणं करोति बहुशः पत्रेपि सञ्चारिणी
प्राप्तं त्वां परिशङ्कते वितनुते शय्यां चिरं ध्यायती।
इत्याकल्पविकल्पतल्परचना संकल्पलालाशत-
व्यासक्तापि विना त्वया वरतनुर्नैषा निशां नेष्यति ।। 2 ।।

श्रीकृष्ण को राधा के मिलन की उत्सुकता और विकलता का परिचय कराती हुई राधा की सखी कहती है—हे वासुदेव ! मेरी सखी राधा पत्तों की

खड़खड़ाहट होने पर तुम्हें आता समझकर तुम्हारे लिए अपने को आकर्षक बनाने के लिए अपने अंगों को सजाने और आभूषणों को ठीक-ठाक करने लग जाती है। इतना ही नहीं, अपितु शैया को भली प्रकार सुवासित करने में जुट जाती है, परन्तु आपके न आने पर निराश हुई राधा विचारों में खो जाती है और चिन्तातुर हो उठती है।

हे माधव ! मैं आपको यह बताना चाहती हूं कि आपकी प्रतीक्षा करती राधा का दिन तो किसी प्रकार बीत गया है, परन्तु यदि आप उसके पास नहीं गये और रात्रि भी उसे प्रतीक्षा करते बितानी पड़ी, तो वह जीवित रह पायेगी—इसमें मुझे सन्देह है। अब मुझे और कुछ नहीं कहना है, आप जैसा उचित समझें, वैसा कीजिये।

किं विश्राम्यसि कृष्णभोगिभवने भाण्डीरभूमीरुहि,
भ्रातर्यासि न दृष्टिगोचरमितः सानन्दनन्दास्पदम्।
राधायाः वचनं तदध्वगमुखान्नन्दान्तिके गोपतो,
गोविन्दस्य जयन्ति सायमतिथिप्राशस्त्यगर्भा गिरः ।।3।।

राधा की सखी श्रीकृष्ण से उनमें राधा की अनन्य अनुरक्ति तथा उनके वियोग में अनुभव की जा रही विरह-वेदना का वर्णन करती हुई कहती है—हे माधव ! तुम्हारी प्रतीक्षा में संकेतित स्थल—भाण्डीर वृक्ष के नीचे—खड़ी राधा को देखकर सायंकाल को उधर से गुज़रते पथिक ने भी उसे बेसहारा एवं भटका पथिक समझकर कहा कि तुम इस वृक्ष के नीचे की धरती को अपना विश्रामस्थल क्यों बना रही हो? तुम नन्द बाबा के भवन में क्यों नहीं चली जातीं, वहां तो सभी सुख-सुविधाएं उपलब्ध हैं तथा वह भवन सभी अतिथियों के लिए सदैव खुला भी रहता है।

नन्द बाबा के भवन की प्रशंसा को सुनकर श्रीकृष्ण ने भाण्डीर वृक्ष के नीचे सर्प के रहने की चर्चा करके नन्द बाबा से वास्तविकता छिपा ली, अर्थात् नन्द बाबा को यह नहीं बताया कि वहां उनसे मिलने को आयी राधा ठहरी हुई है और उसे अपने घर लाने के लिए जा रहे हैं, अपितु बाबा से छल करते हुए कहा कि एक पथिक भाण्डीर वृक्ष के नीचे टिका है, जबकि उसके मूल में सर्प का निवास है, उसकी रक्षा के लिए वे उधर जा रहे हैं और फिर पथिक बनी राधा के पास पहुंचकर उससे बोले—आओ देवि ! तुम्हारा स्वागत है, सायंकाल हो गया है, अब घर चलो। इस प्रकार अतिथियों के प्रति आदरपूर्वक व्यवहार करने वाले तथा अपने प्रेम को छिपाने में निपुण श्रीकृष्ण की वाणी भक्तों को सुख देने वाली हो।

।। सोत्कण्ठ धन्यबैकुण्ठ नामक षष्ठ सर्ग समाप्त ।।

सप्तम सर्ग

[नागर-नारायण नामक सर्ग]

अत्रान्तरे च कुलटाकुलवर्त्मपात-
सञ्जातपातक इव स्फुटलाञ्छनश्री।
वृन्दा-वनान्तरमदीपयदंशुजालै-
र्दिक्सुन्दरी वदनचन्दनबिन्दुरिन्दुः।। 1।।

इधर जब राधा की सखी श्रीकृष्ण से राधा को मनाने और उसकी विरह-वेदना को दूर करने का अनुरोध कर रही थी, तो इसी समय कुलटा स्त्रियों को कुमार्ग पर चरण रखने से रोकने का पाप करने से कलंकित तथा पूर्व दिशारूपी सुन्दरी के मस्तक पर लगी चन्दन की बिन्दी के समान गोल आकार वाले चन्द्रमा ने उदित होकर अपनी चांदनी (प्रकाश) से वृन्दावन को देदीप्यमान कर दिया।

टिप्पणी : रात्रि में अपने पतियों के लौटने के कारण कुलटाओं का घर से निकलना ख़तरे से ख़ाली नहीं होता। इससे कुलटाएं चन्द्र के शीघ्र उदित न होने की कामना करती हैं और चन्द्रमा को अपने पथ की बाधा मानकर उसे कोसती हैं। उनकी आहें (पाप) ही, मानो चन्द्रमा में दिखाई देने वाला कलंक (काला धब्बा) है। कवि की यह कल्पना सचमुच अत्यन्त मौलिक होने के साथ-साथ बड़ी ही सुन्दर है।

कवि ने चन्द्रमा को स्त्री के माथे पर लगी चन्दन की बिन्दी के समान बताते हुए चन्दन और चन्द्रमा में वर्णसाम्य (उज्ज्वल) और प्रभावसाम्य (शीतलता) की ओर संकेत करते हुए अपनी सूक्ष्म दृष्टि का परिचय दिया है।

प्रसरति शशधरबिम्बे विहितविलम्बे च माधवे विधुरा।
विरचितविविधविलापं सा परितापं चकारोच्चैः।। 2।।

चन्द्रमा के उदय होने और स्वच्छ-शीतल चांदनी के चारों ओर फैल जाने पर भी, अर्थात् चन्द्रोदय के समय से एक-दो घण्टा बीत जाने पर भी जब श्रीकृष्ण

राधा के पास नहीं पहुंचे, तो विरहिणी राधा अपने ऊपर संयम न रख पाने के कारण ऊंचे स्वर में और अनेक प्रकार से करुण विलाप करने लगी।

श्रीकृष्ण के न आने पर राधा का करुण विलाप

कवि ने राधा के विलाप का निम्नांकित अष्टपदी में बड़ा ही सुन्दर वर्णन किया है।

कथितसमयेऽपि हरिरहह न ययौ वनम्।
मम विफलमेतदनुरूपमपि यौवनम्।
यामि हे कमिह शरणं सखीजनवचनवञ्चिता।। ध्रुवपद।। १।।

सारा दिन प्रतीक्षा करने से थकी, ऊबी, निराश, कुण्ठित और व्यथित राधा चन्द्रोदय हो जाने पर भी श्रीकृष्ण के न आने पर उच्च स्वर में विलाप करती हुई बोली—समय और स्थान निश्चित करके भी मेरा प्रियतम श्रीकृष्ण मेरे पास नहीं आया। उसके द्वारा की गयी अपनी इस उपेक्षा के कारण मैं रतिक्रीड़ा के लिए सर्वथा उपयुक्त अपने उभरते यौवन को नितान्त व्यर्थ समझती हूं। जब मेरा प्रियतम ही मेरे यौवन का उपभोग नहीं करता, तो फिर उसकी उपयोगिता कहां रह जाती है, उसे तो निरर्थक ही समझना चाहिए।

सोच-विचार में डूबी राधा व्यथित स्वर में कहती है—लगता है कि मुझे मेरी सखियों ने धोखा दिया है, उन्होंने मेरे साथ खिलवाड़ किया है।

राधा फिर सोचती है कि श्रीकृष्ण ने मेरी जिस प्रकार उपेक्षा की है तथा सखियों ने मेरे साथ जैसा उपहास किया है, इन दोनों के व्यवहार से मेरा जिस प्रकार से अपमान हुआ है, उससे मैं इस निष्कर्ष पर पहुंची हूं कि अब मुझे जीने का कोई अधिकार नहीं है। मैं अब कौन-सा मुंह लेकर अपने घर जाऊंगी। मेरे लिए तो अब जल में डूब मरना ही एकमात्र सही मार्ग है।

यदनुगमनाय निशि गहनमपि शीलितम्।
तेन मम हृदयमिदमसमशरकीलितम्।
यामि हे कमिह शरणं सखीजनवचनवञ्चिता।। 2।।

चन्द्रोदय हो जाने पर भी श्रीकृष्ण के न आने पर वियोग-विह्वल राधा उच्च स्वर में विलाप करती हुई बोली—जिस श्रीकृष्ण से रति-विलास करने के लिए मैं अपनी मान-मर्यादा को और अपने शील-संकोच को छोड़कर रात-भर और फिर पूरा दिन अन्धकार से घिरे वन में उसकी प्रतीक्षा करती रही हूं, उसने मेरे

समीप न आकर यही सिद्ध किया है कि उसे मुझ जैसी समर्पित प्रेमिका की छाती को कामदेव के तीखे एवं असह्य बाणों से बींधना तो आता है, परन्तु लगायी आग को बुझाना, अर्थात् वियोग-व्यथा को शान्त करना नहीं आता।

मम मरणमेव वरमिति वितथकेतना।
किमिति विषहामि विरहानलमचेतना।
यामि हे कमिह शरणं सखीजनवचनवञ्चिता।। 3।।

सखियों के कहने पर संकेतित स्थान पर आकर दिन-भर श्रीकृष्ण की प्रतीक्षा करने से ऊबी हुई राधा चन्द्रोदय होने पर उच्च स्वर में विलाप करती हुई बोली—इस शून्य स्थान में श्रीकृष्ण की प्रतीक्षा में बैठी हुई मैं विरह की ज्वाला को कब तक सहन करती रहूं? अब तो मेरा शरीर भी जड़-सा हो गया है, अर्थात् अब यदि श्रीकृष्ण से मेरा मिलन हो भी गया, तो मेरा शरीर उसके स्पर्श सुख को कदाचित् अनुभव कर ही नहीं पायेगा। इस स्थिति में तो मेरे लिए मर जाना ही उचित है।

मामहह विधुरयति मधुरमधुयामिनी।
कापि हरिमनुभवति कृतसुकृतकामिनी।
यामि हे कमिह शरणं सखीजनवचनवञ्चिता।। 4।।

श्रीकृष्ण की लम्बे समय तक प्रतीक्षा करने से निराश, खिन्न तथा दुखी राधा ऊंचे स्वर में बिलखती हुई बोली—श्रीकृष्ण का मेरे पास न आना मेरे लिए सचमुच दुर्भाग्य का विषय है। उसके वियोग में वसन्त ऋतु की स्वभावतः मादक एवं मधुर रातें मेरे लिए दुःख देने वाली बन गयी हैं तथा यह चन्द्रमा भी मुझे जलाने वाला बन गया है। वे गोपस्त्रियां सचमुच बड़ी सौभाग्यशाली एवं पुण्यात्मा होंगी, जिनके साथ श्रीकृष्ण इस समय रति-विलास में संलग्न होकर उन्हें विलक्षण आनन्द प्रदान कर रहा होगा।

अहह कलयामि वलयादिमणिभूषणम्।
हरिविरहदहनवहनेन बहुदूषणम्।
यामि हे कमिह शरणं सखीजनवचनवञ्चिता।। 5।।

श्रीकृष्ण के वियोग में उसकी प्रतीक्षा करते-करते थकान अनुभव करती तथा अपने श्रृंगार (सजना-धजना) को व्यर्थ मानती हुई राधा ऊंची वाणी में बिलखती हुई बोली—श्रीकृष्ण के विरह की अग्नि में तो मेरा यह श्रृंगार—सुन्दर वस्त्रों तथा हीरों के कंगन, हार, कुण्डल आदि आभूषणों को पहनना तथा अंगराग

आदि के प्रयोग से मोहक दिखना आदि—मुझे व्यर्थ और भाररूप लग रहा है।

वस्तुतः स्त्री के अलंकरण की उपयोगिता अपने स्वामी को अपनी ओर आकृष्ट करने में ही है। कालिदास ने भी लिखा है—

प्रियेषु सौभाग्यफला हि चारुता।

स्त्रियों के सौन्दर्य और सजने-धजने का महत्त्व इसी में है कि वे अपने प्रियतम को भाने लगें। यह सौभाग्य प्राप्त करना ही रूप-सौन्दर्य और अलंकरण की उपयोगिता है।

इसी सन्दर्भ में राधा को अपनी वेशभूषा, सज-धज आदि सब कुछ निरर्थक प्रतीत हो रहा है।

कुसुमसुकुमारतनुमतनुशरलीलया।
स्रगपि हृदि हन्ति मामपि विषमशीलया।
यामि हे कमिह शरणं सखीजनवचनवञ्चिता।।6।।

श्रीकृष्ण के संकेतित स्थल पर न आने से निराश और खिन्न राधा विलाप करती हुई बोली—पुष्प के समान कोमल अपने शरीर (कण्ठ) में तुम्हें लुभाने के लिए धारण की गयी कोमल और सुगन्धित पुष्पों की माला तुम्हारे वियोग में कामदेव के तीखे बाणों के समान मेरे हृदय को आघात पहुंचा रही है।

राधा के कथन का अभिप्राय यह है कि जिस चाव से उसने पुष्पमाला धारण की थी, उस चाव के पूरा न होने से उसे अपने को सजाने-धजाने पर दुःख हो रहा है। उसकी सज-धज को सार्थक करने के लिए श्रीकृष्ण का यथाशीघ्र पधारना अपेक्षित है।

अहमिह निवसामि नगणितवनवेतसा।
स्मरति मधुसूदनो मामपि न चेतसा।
यामि हे कमिह शरणं सखीजनवचनवञ्चिता।।7।।

श्रीकृष्ण द्वारा की जा रही अपनी उपेक्षा से खिन्न और व्याकुल राधा विलाप करती हुई बोली—इधर श्रीकृष्ण की प्रतीक्षा में मैं इस सुनसान वन में स्थित बेत के कुञ्ज में अकेली पड़ी हुई व्यग्र एवं व्याकुल हो रही हूं और उधर श्रीकृष्ण के पास अपने मन से भी मुझे स्मरण तक करने का अवकाश नहीं है, मिलने की बात तो दूर रही। इस स्थिति में राधा सोच नहीं पाती कि वह करे तो क्या करे?

हरिचरणशरणजयदेवकविभारती।
वसतु हृदि युवतिरिव कोमलकलावती।
यामि हे कमिह शरणं सखीजनवचनवञ्चिता।।8।।

जिस प्रकार कामकला—हाव-भाव, कटाक्ष, विक्षेप, स्मित तथा चापल्य आदि—में प्रवीण युवतियां रसिकों के मन में अपना स्थायी निवास बनाये रहती हैं, उसी प्रकार श्रीकृष्ण के चरणों में शरण देने वाली जयदेव कवि की यह वाणी (रचना) भक्तों के हृदय को सदैव भली लगे तथा आनन्दित करने वाली हो।

प्रतीक्षारत राधा की उद्विग्नता

तत्किं कामपि कामिनीमभिसृतः किं वा कलाकेलिभि-
र्बद्धा बन्धुभिरन्धकारिणि वनोपान्ते किमुद्भ्राम्यति।
कान्तः क्लान्तमना मनागपि पथि प्रस्थातुमेवाक्षमः,
सङ्केतीकृतमञ्जुवञ्जुललताकुञ्जेऽपि यन्नागतः।।1।।

सखी के कथन पर श्रीकृष्ण द्वारा निर्दिष्ट संकेतित स्थल—बेतों के मनोरम कुञ्ज—में बैठी राधा श्रीकृष्ण की प्रतीक्षा करते-करते जब थक जाती है, तो निराशा और उद्विग्नता के कारण उसके मन में कई-कई अच्छे-बुरे विचार आने लगते हैं।

वह सोचती है कि कहीं श्रीकृष्ण किसी अन्य कामिनी के मोहजाल में पड़कर उसके साथ काम-क्रीड़ा का आनन्द लेने में तो नहीं खो गये? अथवा कहीं उनके मित्रों ने ही तो उन्हें घेरकर उसके साथ हास-परिहास करना प्रारम्भ नहीं कर दिया, जिसमें फंसकर उन्हें समय की सुध ही नहीं रही अथवा कहीं ऐसा तो नहीं कि जिस प्रकार काम-पीड़ा से व्याकुल होकर मैं निढाल पड़ी हूं और मेरे लिए एक पग भी चलना सम्भव नहीं, उसी प्रकार श्रीकृष्ण भी वियोग-विह्वलता के कारण चाहते हुए भी चलने में असमर्थ होने के कारण मेरे पास नहीं आ सके अथवा यह भी सम्भव है, वे इधर आये हों और अन्धकार में मुझे ढूंढ़ते हुए कहीं भटक गये हों?

इस प्रकार विक्षेप की अवस्था में पहुंची राधा अनेक प्रकार की कल्पनाएं कर रही है।

अथागतां माधवमन्तरेण सखीमियं वीक्ष्य विषादमूकाम्।
विशङ्कमाना रमितङ्कयापि जनार्दनं दृष्टवेदेतदाह।।2।।

श्रीकृष्ण को अपने साथ लाये बिना अकेली आयी और इस दुःख के कारण मौन बनी सखी को देखकर राधा ने उससे पूछा—क्या कृष्ण किसी अन्य गोपवधू के साथ रमण कर रहे हैं—इससे वे इधर नहीं आये? इस प्रकार कहती हुई राधा के मुख पर आये भावों से ऐसा लगता था कि मानो राधा श्रीकृष्ण को किसी अन्य कामिनी के साथ रमण करता हुआ अपने नेत्रों से प्रत्यक्ष देख रही हो।

अन्या से रति-विलास का सन्देह

श्रीकृष्ण के किसी अन्य रमणी के साथ रति-भोग की सम्भावना से अपनी खिन्नता को अष्टपदी में प्रकट करती हुई राधा कहती है—

स्मरसमरोचितविरचितवेशा।
गलितकुसुमदलविलुलितकेशा।
कापि चपला मधुरिपुणा,
विलसति युवतिरधिकगुणा।। ध्रुवपद।। 1।।

विरह के उन्माद में बड़बड़ाती हुई राधा सोचती है कि कामक्रीड़ा (युद्ध) के अनुरूप अपने आभूषणों से अपने को सजाने और उसी के उपयुक्त वेशभूषा धारण करने में कुशल, कामयुद्ध में जूझने से अपने केशों में ठूंसे अथवा गजरे के रूप में पहने सुगन्धित पुष्पों को इधर-उधर बिखेरने वाली तथा कामयुद्ध में ही बिखर गये जूड़े से अत्यन्त मोहक लगने वाली एवं मुझसे अधिक सुन्दर आकर्षक किसी अन्य युवती गोपी के साथ श्रीकृष्ण रमण करने में व्यस्त प्रतीत होते हैं, अन्यथा वे अब तक मेरे पास आ गये होते और फिर उनके लिए तो इतने सुदीर्घ काल तक कामपीड़ा और वियोग-व्यथा को सहन करना सम्भव ही नहीं।

हरिपरिरम्भणवलित विकारा।
कुचकलशोपरितरलित हारा।
कापि चपला मधुरिपुणा,
विलसति युवतिरधिकगुणा।। 2।।

श्रीकृष्ण की प्रतीक्षा से निराश और वियोग-विह्वल राधा को लगता है कि श्रीकृष्ण कदाचित् किसी अन्य रूपवती एवं तरुणी गोपी के साथ रति-विलास कर रहे हैं, वह गोपी श्रीकृष्ण के द्वारा किये गये गाढ़ आलिंगन से रोमाञ्चित एवं कामोद्दीप्त हो उठी है और उसके कलश के समान स्थूल (भारी) एवं उन्नत स्तनों पर झूलता हुआ हार उसके मन की उच्छलता तथा रमण के आनन्द को सूचित

कर रहा है।

विचलदलकललितानन‌चन्द्रा।
तदधरपानरभसकृततन्द्रा।
कापि चपला मधुरिपुणा,
विलसति युवतिरधिकगुणा।। 3।।

संकेतित स्थल पर लम्बी प्रतीक्षा के उपरान्त भी श्रीकृष्ण के न आने पर वियोगसन्तप्त राधा को सन्देह होने लगता है कि कदाचित् श्रीकृष्ण किसी अन्य रमणी के साथ भोग-विलास करने लग गये हैं। इसी कल्पना से विह्वल राधा सोचने लगती है कि श्रीकृष्ण के साथ समागम से प्रसन्न उस कामिनी के उज्ज्वल मुख पर पड़ी बिखरी अलकों से ऐसा लगता होगा मानो चन्द्र को काले बादलों ने ढक लिया हो। श्रीकृष्ण के अधरों का रस पीने से अघायी वह सुन्दरी, मानो अलसायी हुई ऊंघने लगी होगी।

चञ्चलकुण्डलदलितकपोला।
मुखरित रशनजघनगतिलोला।
कापि चपला मधुरिपुणा,
विलसति युवतिरधिकगुणा।। 4।।

श्रीकृष्ण की चिरप्रतीक्षा से निराश एवं खिन्न राधा इस आशंका का शिकार हो जाती है कि श्रीकृष्ण कदाचित् उससे अधिक सुन्दर किसी अन्य युवती के रूपजाल में फंस गये हैं। वह सोचने लगती है कि श्रीकृष्ण के साथ सुदीर्घ काल तक रमण करने के कारण उस युवती के कुण्डलों के तेज़ी से और बार-बार हिलने से उस सुन्दरी के गाल छिल-से गये हैं। इसी प्रकार उस तरुणी की कमर में पड़ी करधनी के श्रीकृष्ण के घर्षणों द्वारा हिलने-डुलने से करधनी में जड़े घुंघुरुओं से निकलती मधुर ध्वनि दोनों—श्रीकृष्ण और तरुणी—को आनन्दित कर रही है।

दयितविलोकितलज्जितहसिता।
बहुविधकूजितरतिरसरसिता।
कापि चपला मधुरिपुणा,
विलसति युवतिरधिकगुणा।। 5।।

श्रीकृष्ण द्वारा बुलायी गयी, परन्तु संयोग-सुख से वञ्चित राधा का मन शंका से घिर जाता है और वह सोचने लगती है कि मेरी ओर आते श्रीकृष्ण को किसी अन्य तरुणी ने अपने रूपजाल में फंसा लिया है। उसके सम्मोहन में फंसकर

श्रीकृष्ण उसके साथ रति-विलास करने लगे हैं। इसी कल्पना से खिन्न राधा सोचने लगती है—इस रति-विलास के प्रसंग में श्रीकृष्ण द्वारा बड़ी ही मधुर और मोहक वाणी द्वारा की गयी युवती के रूप-सौन्दर्य की प्रशंसा और चाटुकारिता से तथा श्रीकृष्ण द्वारा उस पर डाली गयी याचक-दृष्टि से वह तरुणी हर्षोत्फुल्ल होकर अपने भाग्य को सराह रही है।

विपुलपुलकपृथुवेपथुभङ्गा।
श्वसितनिमीलितविकसदनङ्गा।
कापि चपला मधुरिपुणा,
विलसति युवतिरधिकगुणा।।6।।

श्रीकृष्ण के न आने से क्षुब्ध राधा श्रीकृष्ण पर अभियोग लगाती हुई कहती है—मुझे लगता है कि श्रीकृष्ण किसी अन्य रूपवती गोपी के साथ रति-विलास करने में उलझ गये हैं। वह रूपवती काम-क्रीड़ा में दीर्घ श्वास लेने और अपने नयनों को ढकने से अपनी कामोत्सुकता को मोहक अभिव्यक्ति देती हुई तथा रति के आनन्द से रोमाञ्चित होकर अपने कम्पन से श्रीकृष्ण को भी रोमाञ्चित करती हुई अपने यौवन को धन्य कर रही है।

श्रमजलकणभरसुभगशरीरा।
परिपतितोरसि रतिरणधीरा ।
कापि चपला मधुरिपुणा,
विलसति युवतिरधिकगुणा।।7।।

श्रीकृष्ण द्वारा सन्देश भेजकर बुलायी गयी राधा प्रियतम के न आने से क्षुब्ध होकर इस आशंका से ग्रस्त हो जाती है कि उसके प्रियतम किसी अन्य रूपवती युवती से समागम करने लगे हैं। वह सोचती है—उस सुन्दरी का चेहरा रति-भोग के समय किये गये श्रम से उत्पन्न श्रम-बिन्दुओं से अत्यन्त सुशोभित हो रहा है और रति-कला में प्रवीण वह सुन्दरी अपने प्रियतम की छाती पर लेटकर न केवल स्वयं अलौकिक आनन्द लूट रही है, अपितु अपने प्रेमी को भी विलक्षण सुख की अनुभूति करा रही है।

श्रीजयदेवभणितमतिललितम्।
कलिकलुषं शमयतु हरिरमितम्।
कापि चपला मधुरिपुणा,
विलसति युवतिरधिकगुणा।।8।।

श्री जयदेव कवि द्वारा रचित श्रीकृष्ण के किसी अन्य रमणी के साथ रति-विलास में मग्न होने का राधाजी की आशंका विषयक (अष्टपदों) में निबद्ध यह अति ललित वर्णन भक्तों के कलियुगी पापों का शमन करने वाला हो।

श्रीकृष्ण के प्रति राधा के विश्वास का वर्णन

विरहपाण्डुमुरारिमुखाम्बुजद्युतिरयं तिरयन्नपि वेदनाम्।
विधुरतीव तनोति मनोभुवः सुहृदये हृदये मदनव्यथाम्।। 1 ।।

श्रीकृष्ण की प्रतीक्षा में डूबी राधा को लगता है कि श्रीकृष्ण के वियोग में जिस प्रकार वह व्यथित है, उसके विरह में श्रीकृष्ण भी उसी प्रकार व्यथाग्रस्त हैं। इसी विश्वास को लेकर राधा अपनी सखी से कहती है—मेरे वियोग की व्यथा को छिपाने की चेष्टा करते श्रीकृष्ण के पीले पड़े चेहरे के समान मटियाला तथा कामदेव का हितसाधक सुहृद् यह चन्द्रमा सामान्य स्थिति में आनन्द देने वाला होने पर भी इस वियोग में मेरी काम-पीड़ा को उद्दीप्त करके मुझे सन्तप्त कर रहा है।

अन्य गोपी से रति-भोग की आशंका

श्रीकृष्ण द्वारा अन्य किसी रूपवती गोपी के साथ रति-विलास करने तथा उस गोपी का विविध रूपों में शृंगार करने की अपनी आशंका को अष्टपदी में वाणी देती हुई राधा अपनी सखी से कहती है—

समुदितमदने रमणीवदने चुम्बनवलिताधरे।
मृगमदतिलकं लिखति सपुलकं मृगमिव रजनीकरे।
रमते यमुनापुलिनवने विजयी मुरारिरधुना ।। ध्रुवपद ।। 1 ।।

सुदीर्घ काल तक श्रीकृष्ण की प्रतीक्षा से ऊबी राधा अपने मन की आशंका और कटुता को प्रकट करती हुई अपनी सखी से कहती है—हे सखि ! मुझे पक्का विश्वास है कि श्रीकृष्ण को किसी आवश्यक एवं अपरिहार्य कार्य ने नहीं रोक लिया। काम-कला में निपुण वे धूर्त इसी यमुना के रेतीले किनारे पर इस समय भी किसी अन्य रमणी के साथ रति-भोग का आनन्द ले रहे हैं। उधर कामोद्दीप्त श्रीकृष्ण किसी सुन्दरी को पाकर पुलकित हो रहे होंगे और उसके मोहक मुख तथा गोल-गोल अधरों पर अपने चुम्बनों की बौछार कर रहे होंगे, वे अपने मस्तक

पर लगे कस्तूरी के तिलक को सुन्दरी के गालों पर रगड़कर उसके गोरे मुखरूपी चन्द्रमा में कलंक के समान चिह्न अंकित कर रहे होंगे और इधर मैं उनकी प्रतीक्षा में तड़पती हुई असह्य वियोग दुःख को झेल रही हूं। यह कैसी विडम्बना है और यह कैसा प्रेमी है, जो निमन्त्रण एक को देता है और रमण दूसरी से करता है? ऐसे निर्मम एवं निर्मोही प्रियतम से प्रेम करने और उसके लिए तड़पने में कौन-सी बुद्धिमत्ता है?

घनचयरुचिरे रचयति चिकुरे तरलिततरुणानने।
कुरबककुसुमं चपलासुषमं रतिपतिमृगकानने।
रमते यमुनापुलिनवने विजयी मुरारिरधुना।।2।।

श्रीकृष्ण के न आने पर प्रतीक्षा में डूबी राधा श्रीकृष्ण पर कुढ़ती तथा आरोप लगाती हुई निश्चय के स्वर में कहती है—सखि ! मुझे पक्का विश्वास है कि मेघों के झुण्ड के समान घने काले-कजरारे एवं मनोहर केशों को संवारने में कुशल, युवतियों के चित्त को चुराने में निपुण तथा गोपीरूपी हरिणियों को अपना शिकार बनाने वाले कामदेवरूपी व्याध के भी परमाचार्य (गुरु) श्रीकृष्ण इस समय और कहीं नहीं गये, वे इसी वन में किसी अन्य सुन्दरी के केशों में आक के पीले पुष्पों को गूंथ रहे होंगे तथा सुन्दरी के केशों में गुंथे वे पुष्प मेघों के मध्य चमकती बिजली के समान दमकते हुए सुन्दरी को अत्यधिक मोहक और कामासक्त बना रहे होंगे।

घटयति सुघने कुचयुगगगने मृगमदरूपिते।
मणिसरममलं तारकपटलं नखपदशशिभूषिते।
रमते यमुनापुलिनवने विजयी मुरारिरधुना।।3।।

श्रीकृष्ण की प्रतीक्षा से ऊबी और क्षुब्ध राधा उन पर किसी अन्य रमणी के साथ विषयासक्त होने की आशंका प्रकट करती हुई बोली—सखि ! मुझे तो लगता है कि श्रीकृष्ण इस समय किसी अन्य रूपवती गोपी के उन्नत कुचों पर अपने हाथों से कस्तूरी का लेप करके और साथ ही अपने नाखूनों से उन्हें कुरेदकर उन पर चमकीले मोतियों की सुन्दर माला डाल रहे हैं। मुझे लगता है कि सुन्दरी के उन्नत विशाल कुच आकाश के समान हैं, उन पर लगी कस्तूरी का लेप चन्द्रमा के समान है, श्रीकृष्ण द्वारा किया गया नखछिद्र चन्द्रमा में विद्यमान क़लंक के समान है और मोतियों की माला तारों के समूह के समान दिखाई देती है। इनसे सुन्दरी अत्यन्त सुशोभित हो रही है और श्रीकृष्ण उसके सौन्दर्य का उपभोग कर रहे हैं।

जितविसशकले मृदुभुजयुगले करतलनलिनीदले।
मरकतवलयं मधुकरनिचयं वितरति हिमशीतले
रमते यमुनापुलिनवने विजयी मुरारिरधुना।। 4।।

श्रीकृष्ण के न आने को अपने साथ की गयी धोखाधड़ी मानकर उससे क्षुब्ध राधा श्रीकृष्ण पर अभियोग लगाती हुई कहती है—सखि! श्रीकृष्ण जैसे विलासी किसी अन्य कार्य में मग्न हो ही नहीं सकते। मुझे तो लगता है कि कमलदण्डों के समान कोमल भुजाओं वाले, कमलिनी के पत्र के समान मृदु हथेलियों वाले तथा हिम के समान शीतल हाथों वाले श्रीकृष्ण इस समय अपने हाथों से किसी अन्य कामिनी की कोमल कलाइयों में पन्ना आदि रत्नों से जड़े कंगन पहना रहे हैं। उस सुन्दरी के श्वेत आरक्त (हलके लाल) हाथों की कलाइयों में पहने रत्नजटित कंगन ऐसे दिखाई देते होंगे, मानो कमलपुष्प पर भ्रमरों ने डेरा डाल रखा हो।

रतिगृहजघने विपुलापघने मनसिजकनकासने।
मणिमयरशनं तोरणहसनं विकिरति कृतवासने।
रमते यमुनापुलिनवने विजयी मुरारिरधुना।। 5।।

श्रीकृष्ण द्वारा बुलायी राधा के पास श्रीकृष्ण के न आने से क्रुद्ध एवं दुखी राधा अपने मन की आशंका को प्रकट करती हुई बोली—सखि! मुझे लगता है कि इस समय श्रीकृष्ण अपने हाथों से किसी अत्यन्त मोहक एवं मादक रूप-सौन्दर्य की स्वामिनी तथा सुरुचिपूर्ण वेशभूषा वाली तरुणी के साक्षात् कामदेव के स्वर्णमय आसन तथा रति के स्थायी निवास बने उन्नत एवं स्थूल जघनों के ऊपर तोरण के समान विशाल रशना (करधनी) बांध रहे हैं, अर्थात् रति-भोग के समय तीव्र घर्षण से शिथिल होकर गिर पड़ी सुन्दरी की रशना को श्रीकृष्ण अपने हाथों से उसके जघनों पर बांधकर एक ओर उसे प्रसन्न कर रहे हैं और दूसरी ओर स्वयं उसके स्थूल जघनों के स्पर्श का आनन्द ले रहे हैं। इस प्रकार श्रीकृष्ण ने मुझे बुलाकर मुझसे छल किया है।

चरणकिसलये कमलानिलये नखमणिगणपूजिते।
बहिरपवरणं यावकभरणं जनयति हृदि योजिते।
रमते यमुनापुलिनवने विजयी मुरारिरधुना।। 6।।

श्रीकृष्ण द्वारा आहूत (बुलायी गयी) और फिर छली गयी राधा अपने आक्रोश को दबाने में असमर्थ बनी अपनी सखी से बोली—सखि! तुम विश्वास करो अथवा न करो, मुझे तो पक्का भरोसा है कि श्रीकृष्ण ने मुझे धोखा दिया

है। वह इस समय ब्रज की किसी अन्य रूपवती कामिनी के मणियों के समान चमकते नखों वाले तथा कमल-पल्लवों के समान कोमल चरणों को अपनी छाती पर रखकर उन पर और उनके तलवों में अपने हाथों से महावर लगा रहे हैं। इस प्रकार वह छलिया अपने हाथों से सजा-धजाकर उसे अपने विलास का साथी बनाने के लिए तैयार कर रहे हैं अथवा भोग से उल्लसित एवं निवृत्त होकर वे अपनी उस प्रेमिका का श्रृंगार करने के रूप में उसकी चाटुकारिता कर रहे हैं अथवा उसके प्रति अपनी प्रसन्नता (कृपा) का प्रदर्शन कर रहे हैं।

रमयति सुभृशं कामपि सुदृशं खलहलधरसोदरे।
किमफलमवसं चिरमिह विरसं वद सखि विटपोदरे।
रमते यमुनापुलिनवने विजयी मुरारिरधुना।। 7।।

श्रीकृष्ण की चिर प्रतीक्षा से ऊबी और उनके द्वारा अपने को छली गयी मानती हुई राधा क्रोधावेश में अपनी सखी से बोली—प्रिय सखि! जब यह निश्चित है कि बलराम के छोटे भाई श्रीकृष्ण किसी अन्य सुनयना युवती के साथ रति-विलास का आनन्द ले रहे हैं, तो फिर मैं क्यों निरर्थक इस सुनसान में उनकी प्रतीक्षा करती हुई अपने को मूर्ख बना रही हूं। मुझे अब यहां से चल देना चाहिए। इतनी देर तक श्रीकृष्ण के न आने का स्पष्ट अर्थ उन्हें मेरी आवश्यकता का न होना ही है।

इह रसभणने कृतहरिगुणने मधुरिपुपदसेवके।
कलियुगचरितं न वसतु दुरितं कविनृपजयदेवके।
रमते यमुनापुलिनवने विजयी मुरारिरधुना।। 8।।

श्रीकृष्ण का गुणगान करने वाले तथा उन्हीं के चरणों के सेवक राजकवि जयदेव द्वारा रचित राधा के आक्रोशपूर्ण इस रसमय कवित्व के कीर्तन से भक्तों के अन्तःकरण में व्याप्त कलियुग के पापों-तापों और दुःखों का समग्र रूप से विनाश हो।

अपराध बोध से ग्रस्त दूती को राधा द्वारा सान्त्वना देना

नायातः सखि निर्दयो यदि शठस्त्वं दूति किं दूयसे।
स्वच्छन्दं बहुवल्लभः स रमते किं तत्र ते दूषणम्।।

पश्याद्य प्रियसङ्गमाय दयितस्याकृष्यमाण गुणे-
रुत्कण्ठार्तिभरादिव स्फुटदिदं चेतः स्वयं यास्यति ।। 1 ।।

श्रीकृष्ण के कथन पर अपने को बुलाकर लाने वाली तथा श्रीकृष्ण के न आने पर अपने को दोषी ठहराने वाली दूती को तसल्ली देती हुई राधा कहती है—सखि ! यदि निमन्त्रण देकर और निश्चित समय के बीत जाने पर भी वे निर्दयी एवं धूर्त संकेतित स्थल पर नहीं आये, तो तुम क्यों दुखी हो रही हो? मैं इसमें तुम्हारा अपराध नहीं मानती। तुमने अपनी ओर से कोई झूठा सन्देश तो मुझ तक नहीं पहुंचाया। मैं जानती हूं कि उनका सम्बन्ध अनेक रमणियों के साथ है और वे स्वेच्छाचारी हैं। यह सब जानते हुए भी उनके गुणों (विशेषताओं और रस्सियों) से बंधा हुआ मेरा चित्त आज भी उत्कण्ठित होकर उनकी ओर बरबस खिंचा चला जा रहा है।

अभिप्राय यह है कि श्रीकृष्ण जैसे छलिया से मैं तो सम्बन्ध नहीं रखना चाहती, परन्तु मेरा मन उन पर मुग्ध है, उनसे मिलन को उत्कण्ठित है। अपने मन पर मेरा कोई वश नहीं, इससे ही मैं दुखी हूं।

श्रीकृष्ण द्वारा अपनायी गयी रमणी के भाग्य की सराहना

श्रीकृष्ण से समागम करने वाली रमणी को सौभाग्यशालिनी बताती हुई राधा निम्नोक्त अष्टपदी में उसे अपने से भिन्न रूप में प्रस्तुत करती हुई कहती है—

अनिलतरलकुवलयनयनेन ।
तपति न सा किसलयशयनेन ।
सखि या रमिता वनमालिना ।। ध्रुवपद ।। 1 ।।

श्रीकृष्ण से रति विहार करती तरुणी के भाग्य को सराहती हुई राधा अपनी सखी से कहती है—सखि ! मन्द पवन से कांपते (हिलते) कमलपत्र के समान चञ्चल नेत्रों वाले श्रीकृष्ण के साथ रति-विलास करने वाली युवती कोमल पल्लवों की शैया पर सोती मेरे समान दुखी तो नहीं होती होगी।

अभिप्राय यह है कि प्रिय के अभाव में कोमल एवं सुखद शैया भी कांटों के समान चुभने वाली है और प्रिय के संग में कठोर धरती भी कोमल और सुखद है। यदि श्रीकृष्ण के साथ रति-विलास करती नायिका को राधा को प्राप्त कोमल

शैया जैसी शैया सुलभ नहीं भी होगी, तो भी उसे इसका अभाव खलता नहीं होगा। प्रिय के संग में अभाव को अनुभव करने का अवकाश ही कहां होता है और फिर प्रिय का संग सौभाग्य का भी तो सूचक है।

विकसितसरसिजललितमुखेन।
स्फुटति न सा मनसिजविशिखेन।
सखि या रमिता वनमालिना।।2।।

राधा अपनी सखी को सम्बोधित करती हुई कहती है—प्रिय सखि, प्रिय के वियोग में कामदेव के बाणों से आहत होकर जिस प्रकार मैं दुखी हो रही हूं, खिले हुए कमल के समान मोहक मुख वाले श्रीकृष्ण के साथ सम्भोग करने वाली गोपी को तो इस दुःख की छाया भी नहीं छूती होगी।

अभिप्राय यह है कि कामदेव तो वियोगियों को ही अपना लक्ष्य बनाता है। संयोग में तो वह (कामदेव) सुख बढ़ाने में सहायक बन जाता है।

अमृतमधुरमृदुतरवचनेन।
ज्वलति न सा मलयजपवनेन।
सखि या रमिता वनमालिना।।3।।

अपनी सखी को तसल्ली देती हुई राधा बोली—सखि ! मलय पर्वत से आने वाला शीतल और सुगन्धित वायु मुझे अवश्य जला रहा है, परन्तु अमृत के समान मधुर और कोमल वचन बोलने वाले श्रीकृष्ण की भुजाओं में बंधी रमणी के लिए तो यह वायु अत्यन्त सुखद और मोहक होगा।

कहने की आवश्यकता नहीं कि संयोग में सुखद पदार्थ वियोग में दाहक (जलाने वाले) और दुःखद हो जाते हैं।

स्थलजलरुहरुचिकरचरणेन।
लुठति न सा हिमकर-किरणेन।
सखि या रमिता वनमालिना।।4।।

अपराधबोध से ग्रस्त सखी को सम्बोधित करती हुई राधा बोली—हे सखि ! स्थल में उगने वाले (गुलाब, चम्पा, चमेली आदि) पुष्पों के समान कोमल हाथ और पैरों वाले श्रीकृष्ण के संग का आनन्द लेने वाली युवती को चन्द्र की शीतल किरणें जलाती नहीं होंगी, अपितु उसे तो अतिरिक्त सुख देती होंगी। चन्द्र की किरणें तो शीतल होने पर भी मुझ जैसी वियोगिनी को ही दुःख देती हैं।

सजलजलदसमुदयरुचिरेण।
दलति न सा हृदि विरहभरेण।
सखि या रमिता वनमालिना।।5।।

श्रीकृष्ण का सन्देश लाने वाली सखी को उदास देखकर राधा बोली—प्यारी सखि ! जल से भरे मेघ के समान रम्य एवं मोहक स्वरूप वाले श्रीकृष्ण के साथ रमण करने वाली सौभाग्यशालिनी कामिनी को चिरकाल के विरह की व्यथा से तो मुक्ति मिल गयी होगी। इस प्रकार के सुख को भोगने वाली युवती के भाग्य से मुझमें ईर्ष्या का होना तो स्वाभाविक ही है।

कनकनिकषरुचिशुचिवसनेन।
श्वसिति न सा परिजन हसनेन।
सखि या रमिता वनमालिना।।6।।

श्रीकृष्ण के न आने से खिन्न सखी को अपने को दोषी न मानने के लिए समझाती हुई तथा श्रीकृष्ण के संग-सुख को भोगने वाली कामिनी को धन्य मानती हुई राधा कहती है—सखि ! स्वर्ण की दमक के समान चमकते पीत वस्त्रों को धारण करने वाले मनमोहन के साथ रति-भोग करने वाली तरुणी को अपनी सखियों के उपहास का पात्र तो नहीं बनना पड़ेगा। मुझ जैसी पर तो सखियां फब्तियां कसेंगी और मेरी उदास सूरत को देखकर मुझसे सहानुभूति दिखाने के बहाने मेरा उपहास करेंगी तथा मुझ पर अपने व्यंग्य बाण चलायेंगी। यदि श्रीकृष्ण आ जाते, तो मैं सखियों के सामने लज्जित होने से बच जाती।

सकलभुवनजनवरतरुणेन।
वहति न सा रुजमतिकरुणेन।
सखि या रमिता वनमालिना।।7।।

अपराधबोध से ग्रस्त सखी को आश्वासन देती हुई राधा बोली—सखि : चौदह भुवनों के सभी युवकों में श्रेष्ठ एवं अनुपम पुरुषसिंह श्रीकृष्ण के साथ रति-भोग करने वाली युवती के लिए तो कामक्रीड़ा (अतृप्ति) को अनुभव करने का प्रश्न ही उत्पन्न नहीं होता। श्रीकृष्ण पुरुषशिरोमणि हैं और वे अपने साथ रति-भोग करने वाली कामिनी को इस प्रकार तृप्त, सन्तुष्ट, कृतकृत्य और आनन्दविह्वल कर देते हैं कि उसे बार-बार उनके साथ रति-भोग की इच्छा होती है।

राधा के कथन का अभिप्राय यह है कि इस समय वह इस सौभाग्य से वञ्चित है।

श्रीजयदेवभणितवचनेन।
प्रविशतु हरिरपि हृदयमनेन।
सखि या रमिता वनमालिना।।8।।

जयेदव कवि द्वारा रचित राधा के मनोभावों के अभिव्यक्तिपरक इस काव्य के पठन-श्रवण से भक्तों के हृदय में श्रीकृष्ण का निवास हो।

अभिप्राय यह है कि इस अष्टपदी का श्रद्धापूर्वक पाठ करने वाले भक्त के हृदय में श्रीकृष्ण का निवास हो जाता है।

सुखद वस्तुओं के वियोग में दुखद होने का वर्णन

मनोभवानन्दन चन्दनानिल,
प्रसीद रे दक्षिण मुञ्च वामताम्।
क्षणं जगत्प्राण विधाय माधवं,
पुरो मम प्राणहरो भविष्यसि।।1।।

श्रीकृष्ण के वियोग में सन्तप्त राधा शीतल पवन को कोसती हुई बोली—वियोगियों को दुखी बनाकर कामदेव को आनन्दित करने वाले दक्षिण दिशा—मलय पर्वत इसी दिशा में स्थित है—से आने वाले (शीतल, मन्द और सुगन्धित) पवन ! तुम अपनी कुटिलता (वियोगियों को दुःख देने की नीचता) को छोड़ दो। तुम्हें यह सब शोभा नहीं देता।

सारे संसार को जीवनदान देने वाले हे पवन ! यदि तुम्हें मेरे प्राणों का हरण करना ही अभीष्ट है, तो तुमसे इतनी प्रार्थना है कि एक बार मेरे प्रियतम को मेरे नयनों के सामने ला दो, फिर मुझे प्राण त्यागने में कोई संकोच नहीं होगा।

राधा को शीतल पवन दुःखदायक लग रहा है। वस्तुतः संयोग में सुखदायक पदार्थ वियोग में दुखद ही बन जाते हैं।

रिपुरिव सखीसंवासोऽयं शिखीव हिमानिलो,
विषमिव सुधारश्मिर्यस्मिन्दुनोति मनोगते।
हृदयमध्य मे तस्मिन्नेवं पुनर्वलते बला-
त्कुवलयदृशां वामः कामो निकामनिरङ्कुशः।।2।।

सखी को अपनी वेदना और विवशता बतलाती हुई राधा बोली—प्रियतम के वियोग में उसका स्मरण आने पर मुझे सखियां (और उनसे बातचीत करना) शत्रु के समान, शीतल पवन अग्नि के समान तथा शीतल-सौम्य किरणों वाला

अमृतवर्षी चन्द्रमा विष के समान जलाने वाला और दुःखदायी लगता है। यह सब होने पर भी आश्चर्य का विषय यह है कि हठ करके भी चित्त उस निर्मम प्रियतम की ओर दौड़ता है, उसे पाने के लिए उत्सुक-उत्कण्ठित रहता है। वस्तुतः मृगनयनियों के प्रति कामदेव का व्यवहार अत्यन्त निरंकुश एवं दुष्टतापूर्ण है। लगता है कि युवतियों को तड़पाने में कामदेव को विशेष आनन्द आता है।

बाधां विधेहि मलयानिल पञ्चबाण,
प्राणान् गृहाण न गृहं पुनराश्रयिष्ये।
किं ते कृतान्तभगिनि क्षमया तरङ्गै-
रङ्गानि सिञ्च मम शाम्यतु देहदाहः ।। 3 ।।

अपनी निराशा, उद्विग्नता और अपने आक्रोश को वाणी देती हुई राधा कहती है—मलय पर्वत ! संकोच मत करो, जी-भर कर मुझे सताओ। कामदेव ! आप भी यदि चाहो, तो मेरे प्राण ले लो। न मैं किसी प्रकार की आपत्ति करूंगी और न ही कोई उपालम्भ दूंगी। यमराज की बहिन यमुने ! आप भी मुझे क्षमा करने, मुझ पर दया करने के रूप में मेरा उपकार करने का ढोंग न करो। मैं तो चाहती हूं कि आप अपनी लहरों से मुझे खींचकर अपने में समेट लो, अर्थात् डुबो दो। सत्य तो यह है कि मैं डूबना ही चाहती हूं, क्योंकि जलसमाधि लेने (जल में डूबकर मरने) से ही मेरे शरीर की अग्नि बुझ पायेगी।

स्पष्ट है कि राधा की निराशा अपनी चरम सीमा को पहुंच गयी है।

सान्द्रानन्दपुरन्दरादिदिविषद्वृन्दैरमन्दादरा-
दानन्दैर्मुकुटेन्द्रनीलमणिभिः सन्दर्शितेन्दीवरम्।
स्वच्छन्दं मकरन्द सुन्दरगलन्मन्दाकिनी मेदुरं,
श्रीगोविन्दपदारविन्दमशुभस्कन्दाय वन्दामहे ।। 4 ।।

इन्द्र आदि—यम, वरुण, कुबेर, अग्नि तथा पवन—देवता अपने रत्नजटित मुकुटों से श्रीकृष्ण के जिन चरणकमलों का आदरपूर्वक स्पर्श करके अपने को धन्य मानते हैं तथा जिनके चरणकमलों के पराग (रज, धूलि) से गंगाजल व्याप्त रहता है, हम अपने सभी प्रकार के अशुभों, पापों, तापों, दुःखों तथा क्लेशों के नाश के लिए श्रीकृष्ण के उन्हीं चरणारविन्दों को सादर प्रणाम करते हैं।

।। नागर-नारायण नामक सप्तम सर्ग समाप्त ।।

अष्टम सर्ग

[विलक्षण-लक्ष्मीपति नामक सर्ग]

अथ कथमपि यामिनीं विनीय,
स्मरशरजर्जरिताऽपि सा प्रभाते।
अनुनयवचनं वदन्तमग्रे,
प्रणतमपि प्रियमाह साभ्यसूयम् ।।1।।

काम-पीड़ा से बुरी तरह व्याकुल राधा ने श्रीकृष्ण की प्रतीक्षा में किसी प्रकार ज्यों-त्यों करके जागते-ऊंघते, रोते-बिलखते, पछताते तथा भाग्य को कोसते हुए बड़ी ही कठिनता से रात बितायी। प्रातःकाल होने पर जब उसने अपने सामने विनम्र भाव से खड़े और अनुनय-विनय करते, अर्थात् रात्रि में न आने का कारण बताते हुए श्रीकृष्ण को देखा, तो वह अपने क्रोध पर क़ाबू न रख सकी। उसे अपने प्रेमी से मिलन की किसी प्रकार भी हर्ष की अनुभूति नहीं हुई। इसके विपरीत राधा अत्यन्त तीव्र आक्रोश और व्यथामिश्रित वचनों से श्रीकृष्ण को सम्बोधित करती हुई बोली।

श्रीकृष्ण के प्रातः-आगमन पर राधा का आक्रोश

कवि ने राधा के रोष और आक्रोश के साथ-साथ उसके दुःख और नैराश्य को अष्टपदी में इस प्रकार अभिव्यक्ति दी है—

रजनिजनितगुरुजागररागकषायितमलसनिमेषम्,
वहति नयनमनुरागमिव स्फुटमुदितरसाभिनिवेशम्।
हरि हरि याहि माधव याहि केशव मा वद कैतववादम्,
तामनुसर सरसीरुहलोचन या तव हरति विषादम्।। ध्रुवपद ।। 1 ।।

रात-भर प्रतीक्षा करने से निराश और खिन्न राधा प्रातःकाल अपने समक्ष

श्रीकृष्ण को उपस्थित देखकर उन्हें अपना आक्रोश जतलाती हुई बोली—कमल के समान विशाल एवं मोहक नयनों वाले श्रीकृष्ण ! तुम्हारे लाल-लाल और बोझिल बने तथा साथ ही प्रसन्न दिखाई देते और सुन्दरी के चुम्बन के चिह्नों से अंकित नेत्रों से स्पष्ट प्रतीत हो रहा है कि तुम सारी रात जागते ही नहीं रहे हो, अपितु अपनी प्रेमिका के मोहक सौन्दर्य के मादक रस का पान भी करते रहे हो। अब प्रभातवेला में मेरे पास क्या करने आये हो? जाओ, इस समय भी अपने विषाद को मिटाने वाली अपनी उसी प्रेमिका के पास जाओ। मेरे यहां से शीघ्र ही चले जाओ, छल-कपट का सहारा लेकर और झूठ बोलकर मुझे सफ़ाई देने की निरर्थक चेष्टा मत करो। मैं तुम्हारे वास्तविक रूप को भली प्रकार पहचान गयी हूं। तुम्हारी धूर्तता मुझ पर उजागर हो गयी है। अतः अब तुम मुझे बहकाकर अधिक समय तक मूर्ख नहीं बना सकते।

कज्जलमलिनविलोचनचुम्बनविरचितनीलिमरूपम्।
दशनवसनमरुणं तव कृष्ण तनोति तनोरनुरूपम्।।
हरि हरि याहि माधव याहि केशव मा वद कैतववादम्,
तामनुसर सरसीरुहलोचन या तव हरति विषादम्।। 2।।

श्रीकृष्ण की प्रतीक्षा में पूरी रात आंखों में काटने वाली राधा प्रातःकाल श्रीकृष्ण को अपने सामने पाकर उफनती हुई बोली—श्रीकृष्ण ! मैं यहां सारी रात इधर तुम्हारी प्रतीक्षा करती तुम्हारे वियोग में तड़पती रही हूं, वहां उधर तुम किसी अन्य गोपी के साथ रंगरलियां मनाते रहे हो। सुन्दरी के कजरारे नयनों का बार-बार चुम्बन करने से नीले पड़े तुम्हारे ओष्ठ तथा रात-भर श्रम करने से शिथिल बनी तुम्हारी देह इसका साक्ष्य दे रहे हैं। तुम्हारे लाल होठ यों ही काले नहीं पड़ गये हैं, न ही तुम्हारा शरीर यों ही शिथिल और निढाल हो गया है। इन दोनों चिह्नों के अतिरिक्त तुम्हारे दांतों और वस्त्रों पर प्रेमिका के होठों की लाली लगी हुई है, जिससे स्पष्ट प्रतीत होता है कि तुमने सारी रात संयोग-सुख में ही काटी है। तुमने रात्रि में जिसे सुख दिया है, अब दिन में भी तुम उसी के पास जाओ। यहां तुम्हारा कोई काम नहीं, इस समय मैं तुम्हारे स्वागत को कदापि प्रस्तुत नहीं हूं।

वपुरनुहरति तव स्मरसंगरखरनखरक्षतरेखम्।
मरकतशकलकलितधौतलिपेरिव रतिजयलेखम्।।
हरि हरि याहि माधव याहि केशव मा वद कैतववादम्,
तामनुसर सरसीरुहलोचन या तव हरति विषादम्।। 3।।

सारी रात श्रीकृष्ण की प्रतीक्षा में वियोग दुःख को सहती राधा के सामने

जब प्रातःकाल श्रीकृष्ण आते हैं, तो उनके शरीर के चिह्नों से उनके किसी अन्य रमणी के साथ विलास-सुख भोगने का अनुमान लगाकर राधा क्रोध और ईर्ष्या से जल उठती है और श्रीकृष्ण को डांटती-फटकारती हुई कहती है—श्रीकृष्ण ! कामयुद्ध में तुम्हारी प्रेमिका ने अपने तीखे नाखूनों से तुम्हारे सांवले-सलोने शरीर के भिन्न-भिन्न अंगों पर जो गहरी रेखाएं बनायी हैं, वे यों तो पन्ना मणि के टुकड़ों पर स्वर्ण-अक्षरों में मुद्रित रति-विजय के लेखों के समान बड़ी मोहक लगती हैं, परन्तु इनसे यह स्पष्ट प्रतीत होता है कि तुमने प्रेमिका के साथ जमकर कामयुद्ध किया है और उसने भी मुग्ध होकर तुम्हें खूब नोचा-काटा है। तुम्हारे अंगों में लगे तुम्हारी प्रेमिका के नाखूनों के क्षत (घाव) तुम पर उसके अधिकार होने के सूचक हैं। तुमने रात्रि में जिससे ऐसा गहरा प्यार किया है, दिन भी उसके साथ ही जाकर बिताओ। झूठे बहानों और चाटुकारिता से मुझे रिझाने की असफल चेष्टा मत करो।

चरणकमलगलदलक्तकसिक्तमिदं तव हृदयमुदारम्।
दर्शयतीव बहिर्मदनद्रुमनवकिसलयपरिवारम्।
हरि हरि याहि माधव याहि केशव मा वद कैतववादम्,
तामनुसर सरसीरुहलोचन या तव हरति विषादम्।। 4।।

श्रीकृष्ण द्वारा अपने को ठगी गयी मानती हुई राधा प्रातःकाल में आये श्रीकृष्ण के प्रति अपना रोष-आक्रोश प्रकट करती हुई बोली—लला, मुझे मूर्ख बनाने की चेष्टा मत करो। मैं यह कभी नहीं मान सकती कि रात में तुम्हारी आंख लग गयी और इससे तुम मुझे बुलाकर भी रति-सुख से कृतकृत्य नहीं कर सके। तुम्हारी छाती पर लगा महावर स्पष्ट रूप से यह सूचित कर रहा है कि तुम रात्रि में अवश्य किसी अन्य रमणी के साथ रति-विहार करते रहे हो। तुम प्रेमिका के कोमल चरणों को अपनी छाती पर रखकर अपने हाथों से उन्हें महावर से सजाते रहे हो। तुम्हारे हृदय-पटल पर लगा महावर का लाल निशान ऐसा प्रतीत होता है, जैसे तुम्हारे मन में छिपे कामदेवरूपी वृक्ष की कोंपलें उचककर बाहर झूमती हुई तुम्हारे भीतर के आनन्दरूपी वसन्त की उपस्थिति का संकेत दे रही हों। अतः हे श्रीकृष्ण ! तुमने रात्रि में जिस प्रेमिका को रस-विभोर किया है, अब दिन में भी उसी के पास जाओ। दिन में मेरे पास आने का क्या अर्थ है?

दशनपदं भवदधरगतं मम जनयति चेतसि खेदम्।
कथयति कथमधुनापि मया सह तव वपुरेतदभेदम्।

हरि हरि याहि माधव याहि केशव मा वद कैतववादम्,
तामनुसर सरसीरुहलोचन या तव हरति विषादम्।।5।।

श्रीकृष्ण के अंगों के विकारों से उनके रात्रि में किसी अन्य रमणी से विषय-भोग का अनुमान करती तथा सारी रात उनकी प्रतीक्षा करने से विक्षुब्ध हुई राधा बोली—श्रीकृष्ण! अब तुम रात बीतने पर मुझे अपने न आने के कल्पित कारण को बताकर फुसलाना और बहकाना चाहते हो, जब कि वास्तविकता यह है कि तुम्हारे कटे हुए होंठ और गालों पर उभरे रमणी के दन्तक्षतों के तुम्हारे चिह्न स्पष्ट सूचित कर रहे हैं कि तुम रात्रि में किसी अन्य सुन्दरी के संग में रहकर विषय-सुख को लूटते रहे हो। इससे मेरे मन में ईर्ष्या और क्रोध के भाव उद्दीप्त हो रहे हैं। इस स्थिति में मेरा तुमसे सम्बन्ध जोड़ना कैसे सम्भव है? अतः उचित यही है कि जिसके साथ तुमने रात बितायी है, अब दिन भी उसी के साथ बिताओ। इस समय मेरे पास आने का कोई लाभ नहीं।

बहिरिव मलिनतरं तव कृष्ण मनोऽपि भविष्यति नूनम्।
कथमपि वञ्चयसे जनमनुगतमसमशरज्वरदूनम् ।
हरि हरि याहि माधव याहि केशव मा वद कैतववादम्,
तामनुसर सरसीरुहलोचन या तव हरति विषादम्।।6।।

सारी रात श्रीकृष्ण की असफल प्रतीक्षा से दुखी और प्रातःकाल आये श्रीकृष्ण के शारीरिक विकारों से उनके किसी अन्य रमणी के साथ निश्चित रूप से रमण करने के अनुमान से क्रुद्ध राधा श्रीकृष्ण पर बरसती हुई बोली—श्रीकृष्ण! मैं तो समझती थी कि केवल तुम्हारे शरीर का ही रंग काला है, परन्तु अब तो मुझे विश्वास हो गया है कि तुम्हारा मन भी काला (मैला, दूषित) है, अन्यथा मुझे निमन्त्रित करने के रूप में मेरी कामवासना को उद्दीप्त करके मुझे इस प्रकार सारी रात तड़पता न छोड़ देते। इस प्रकार मुझे धोखा देने वाले तथा मेरी उपेक्षा करके स्वयं किसी अन्य कामिनी के साथ विषय-भोग में प्रवृत्त रहने वाले तुम्हारे साथ मैं सम्बन्ध जोड़ने को कदापि प्रस्तुत नहीं हूं। अतः तुम अपनी उसी प्रेमिका के पास लौट जाओ।

भ्रमति भवानबलाकवलाय वनेषु किमत्र विचित्रम्।
प्रथयति पूतनिकैववधूवधनिर्दयबालचरित्रम्।
हरि हरि याहि माधव याहि केशव मा वद कैतववादम्,
तामनुसर सरसीरुहलोचन या तव हरति विषादम्।।7।।

श्रीकृष्ण द्वारा सन्देश भेजकर संकेतित स्थान पर बुलायी गयी और रात-भर

सुध न ली गयी राधा प्रातःकाल को आये श्रीकृष्ण के शरीर पर लगे चिह्नों से उनके किसी अन्य गोपी के संग रात बिताने के अनुमान से रुष्ट होकर उन्हें झिड़कती हुई बोली—श्रीकृष्ण ! मुझे तो लगता है कि तुम्हें अपने से प्रेम करने वाली स्त्रियों को तड़पा-तड़पाकर मारने की लत-सी पड़ गयी है और इसीलिए शायद तुम इस वन में घूमते फिर रहे हो। बचपन में ही तुमने पूतना नाम की स्त्री का वध किया था। यह वृत्त सारे संसार में प्रसिद्ध है। तभी से तुम्हें स्त्रियों को तड़पाने-मारने का व्यसन पड़ गया है। इस सम्बन्ध में मुझे किसी अन्य प्रमाण को जुटाने की कोई आवश्यकता नहीं।

राधा के कथन का अभिप्राय यह है कि श्रीकृष्ण द्वारा उसे तड़पाना तथा स्त्रियों के प्रति निर्मम व्यवहार करना उनके स्वभाव का एक अंग बन गया है। इस तथ्य को जान लेने पर उसे लगता है कि अपने प्रति श्रीकृष्ण के व्यवहार के सम्बन्ध में किसी प्रकार का आश्चर्य करना उसकी श्रीकृष्ण के स्वभाव को न समझने की मूर्खता ही है।

श्रीजयदेव भणित रतिवञ्चित खण्डितयुवतिविलापम्,
शृणुत सुधामधुरं विबुधा विबुधालयतोऽपि दुरापम्।
हरि हरि याहि माधव याहि केशव मा वद कैतववादम्,
तामनुसर सरसीरुहलोचन या तव हरति विषादम्।। 8।।

विवेक के धनी एवं रसिक-हृदय बुद्धिमानों को सम्बोधित करते हुए कविश्रेष्ठ जयदेव कहते हैं—विद्वानो ! जयदेव कवि द्वारा रचित श्रीकृष्ण के संयोग-सुख से वञ्चित तथा दिन हो जाने से खण्डित आशा वाली युवती राधा के करुण विलाप को सुनिये। यह विलाप करुण होने पर भी अमृत से भी कहीं अधिक मधुर है और सत्य तो यह है कि देवलोक में भी ऐसे मधुर काव्य का श्रवण दुर्लभ है। इस लोक में तो किन्हीं सौभाग्यशालियों को ही इस काव्य-रस के पान का अवसर सुलभ होता है। अतः इस काव्य का भक्तिपूर्वक अनुशीलन करके अपने भाग्य की सराहना कीजिये कि प्रभुकृपा से आप लोगों को यह अवसर सुलभ हुआ है।

मानवती राधा की श्रीकृष्ण को फटकार

तवेदं पश्यन्त्याः प्रसरदनुरागं बहिरिव
प्रियापादालक्तच्छुरितमरुणच्छायहृदयम्।
ममाद्य प्रख्यातप्रणयभरभङ्गेन कितव !
त्वदालोकः शोकादपि किमपि लज्जां जनयति।। 1।।

दूती द्वारा संकेतित स्थान पर आमन्त्रित की गयी और फिर रात-भर प्रतीक्षा में तड़पती छोड़ी गयी राधा, रात्रि में किसी अन्य रमणी के साथ रति-विलास करके प्रभात में लौटे श्रीकृष्ण को डांटती-फटकारती हुई बोली—छलिया श्रीकृष्ण ! रमणी के पैरों के महावर से तुम्हारा बाहरी शरीर ही चिह्नित (लाल) नहीं है, अपितु रति-भोग की सुखद अनुभूति से तुम्हारा अन्तर्मन भी स्पष्ट रूप से पुलकित दिखाई देता है। इससे स्पष्ट है कि मेरे प्रति तुम्हारा अनुराग कृत्रिम और प्रदर्शन मात्र है। यह जानने के उपरान्त तुम्हारे दर्शन से न तो मुझे किसी प्रकार की प्रसन्नता हो रही है और न ही मेरे दुःख की निवृत्ति हो रही है। उलटे तुम्हें देखकर तो मुझे विचित्र प्रकार की लज्जा और हीनता की अनुभूति हो रही है। तुमसे प्रेम करने के लिए मैं ग्लानि अनुभव करती हुई अपने को कोस रही हूं। दुःख की बात तो यह है कि तुम मुझसे आन्तरिक और सच्चा प्रेम नहीं करते और मैं फिर भी तुम्हारी दीवानी बनी हुई हूं? इसके लिए मेरा मन मुझे क्षमा नहीं कर रहा है।

प्रातर्नीलनिचोलमच्युतमुरः संवीतपीतांशुकम्,
राधायाश्चकितं विलोक्य हसति स्वैरं सखीमण्डले।
व्रीडाचञ्चलमञ्चलं नयनयोराधाय राधानने,
स्मेरस्मेरमुखोऽयमस्तु जगदानन्दाय नन्दात्मजः।।2।।

रात-भर प्रतीक्षा करने से रुष्ट राधा की फटकार को सुनकर श्रीकृष्ण ने अपनी मोहक मुसकान और मादक चेष्टाओं से ऐसा सम्मोहन उत्पन्न कर दिया कि राधा का सारा क्रोध और दुःख क्षण में ही काफूर हो गया और फिर वह सहसा श्रीकृष्ण के साथ आमोद-प्रमोद में भागी बनने को प्रस्तुत हो गयी।

सखियों ने जब प्रभात में राधा को श्रीकृष्ण के पीत वस्त्रों को और इधर श्रीकृष्ण को राधा के नीले वस्त्रों को धारण किये हुए तथा राधा को पुलकित होकर विहार करते हुए देखा, तो वे अपने आश्चर्य पर काबू न पाकर बरबस हंसने लगीं।

इस प्रकार राधा के मुखकमल पर अपने चञ्चल नयनों का अञ्चल धरकर उसे काम-सुख से विह्वल करने के रूप में अलौकिक आनन्द देने वाले नन्दनन्दन श्रीकृष्ण की रति-क्रीड़ा जगत् के लिए कल्याणकारी हो।

।। विलक्षण-लक्ष्मीपति नामक अष्टम सर्ग समाप्त ।।

नवम सर्ग

[मुग्धमुकुन्द नामक सर्ग]

अथ तां मन्मथखिन्नां रतिरसभिन्नां विवादसम्पन्नाम्।
अनुचिन्तितहरिचरितां कलहान्तरितामुवाच रहः सखी।। 1।।

श्रीकृष्ण द्वारा अपने वचन को भंग किये जाने से उन पर क्रुद्ध और खिन्न राधा जब अपने समक्ष उपस्थित श्रीकृष्ण को खूब खरी-खोटी सुना चुकी, तो रति-सुखभोग की इच्छा से सारी रात जागकर बिताने से अलसायी और काम-पीड़ा से छटपटाती तथा निराशा से दुखी बनी तथा श्रीकृष्ण के स्पष्टीकरण से असन्तुष्ट होने पर भी निरन्तर उनके गुणों का स्मरण-कीर्तन करती हुई तथा कलह करने से मिलन की सम्भावना के समाप्त हो जाने से एक अनोखी अकुलाहट की शिकार बनी राधा को उसकी सखी एकान्त में ले जाकर निम्नोक्त प्रकार से समझाती-बुझाती हुई बोली—

सखी की राधा को उत्तम सीख

हरिरभिसरति वहति मधुपवने।
किमपरमधिकसुखं सखि भवने।।
माधवे मा कुरु मानिनि मानमये।। ध्रुवपद।। 1।।

राधा को समझाती-बुझाती हुई उसकी सखी बोली—मानिनि ! यह समय अपने प्रेमी श्रीकृष्ण से रूठने और मान करने (इनकार करके खुशामद कराने) का नहीं है। इस समय वसन्त ऋतु की बड़ी ही मोहक वायु चल रही है और तुम्हारा प्रियतम श्रीकृष्ण संकेतित स्थल पर उपस्थित है। अतः उसके द्वारा किये गये अपराध की उपेक्षा करके उसके साथ रति-भोग का सुख लूटो। यदि तुमने सचमुच रूठकर अपने घर चले जाने की मूर्खता कर दी, तो क्या तुम्हें वहां शान्ति मिलेगी? अरी बावरी, श्रीकृष्ण के संग में मिलने वाले आनन्द से अधिक किसी प्रकार के अन्य आनन्द की प्राप्ति की तो कल्पना भी नहीं की जा सकती। यदि तुमने रूठकर

चले जाने की ग़लती की, तो फिर पछताओगी, परन्तु उस पछताने से क्या हाथ लगेगा ? इसीलिए उचित यही है कि बीती को भुला दो और उपस्थित अवसर का पूरा-पूरा लाभ उठाओ। भूतकाल की चिन्ता में डूबकर वर्तमान के सुख की बलि चढ़ाना मूर्खता के अतिरिक्त और कुछ भी नहीं।

टिप्पणी : (1) अपने प्रेमी से कलह (झगड़ा) करके उससे मिलन को उत्सुक, परन्तु उसके द्वारा मनाये जाने की सम्भावना न होने से दुखी और व्याकुल नायिका 'कलहान्तरिता' कहलाती है।

टिप्पणी : (2) प्रिय के किसी अपराध के कारण उससे रूठने वाली तथा उसके रति-विलास के निमन्त्रण को ठुकराने वाली नायिका 'मानिनी' अथवा 'मानवती' कहलाती है।

तालफलादपि गुरुमतिसरसम्।
किं विफलीकुरुषे कुचकलशम्।।
माधवे मा कुरु मानिनि मानमये।। 2।।

श्रीकृष्ण द्वारा सन्देश भेजकर बुलायी और सारी रात प्रतीक्षा करती राधा का श्रीकृष्ण के प्रति रुष्ट होना तथा प्रातःकाल आये श्रीकृष्ण के संयोग के प्रस्ताव को रूठी राधा द्वारा ठुकराना स्वाभाविक ही था। यह सब देखकर राधा की सखी राधा को एकान्त में ले जाकर समझाती-बुझाती हुई बोली—प्रिय सखि ! मैं जानती हूं कि निस्सन्देह श्रीकृष्ण ने तुम्हारे प्रति अपराध ही नहीं किया, अपितु तुम्हारे साथ बहुत बड़ा अन्याय भी किया है, परन्तु ज़रा सोचो, इस समय तुम्हारे रूठने की भी क्या उपयोगिता है? यदि तुम इस समय श्रीकृष्ण को तालफल से भी अधिक कठोर, रसीले तथा उन्नत (उठे हुए) और कलश के समान विशाल अपने मनोरम कुचों के मर्दन का अवसर नहीं देती हो, तो फिर क्या तुम्हारा यौवन और सौन्दर्य विफल नहीं हो जायेंगे? तुमने जिस सावधानी से अपने कुचों की देखभाल की है, उन्हें संभाला-संवारा है, उन्हें देखकर यदि प्रियतम प्रसन्न नहीं होता, उन्हें छूकर उनकी प्रशंसा नहीं करता और स्वयं तुम प्रियतम द्वारा किये गये कुचों के स्पर्श (चुम्बन तथा मर्दन आदि) से पुलकित नहीं होतीं, तो फिर इनकी सार्थकता ही क्या है? अतः बुद्धिमत्ता इसी में है कि तुम वर्तमान का उपयोग इस ढंग से करो कि जिससे तुम्हें पीछे पछताना न पड़े।

कति न कथितमिदमनुपदमचिरम्।
मा परिहर हरिमतिशयरुचिरम्।।
माधवे मा कुरु मानिनि मानमये।। 3।।

श्रीकृष्ण द्वारा अपने को प्रतारित (ठगी गयी) मानकर उनके आने पर उनसे

रूठी और उनके संग रति-विलास न करने का निश्चय करके उदासीन बैठी राधा को उसकी सखी एकान्त में ले जाकर समझाती-बुझाती हुई बोली—मेरी प्यारी एवं भोली राधे ! मैं तुम्हें पहले कितनी बार समझा चुकी हूं कि श्रीकृष्ण जैसा अत्यन्त मोहक, सुन्दर एवं सलोना तथा साथ ही तुमसे अत्यन्त गहरा एवं सच्चा अनुराग करने वाला कोई दूसरा पुरुष तीनों लोकों में ढूंढ़ने पर भी तुम्हें नहीं मिलेगा। अतः श्रीकृष्ण से तुम्हें इस प्रकार नहीं रूठना चाहिए और न ही उसका निरपेक्ष भाव से परित्याग करना चाहिए। यदि मेरे कथन को तुम अनसुना करके श्रीकृष्ण को छोड़ने की मूर्खता करोगी, तो फिर यह निश्चित समझो कि तुम्हें हाथ मलते ही रहना पड़ेगा। अतः श्रीकृष्ण को छोड़ने और रूठकर धर जाने की ग़लती भूलकर भी न करना।

किमिति विषीदसि रोदिषि विकला।
विहसति युवतिसभा तव सकला।।
माधवे मा कुरु मानिनि मानमये।। 4।।

रात्रि में श्रीकृष्ण के न आने को उनका अपने प्रति उपेक्षापूर्ण व्यवहार मानकर उनसे खिन्न एवं रुष्ट राधा के पास दिन में जब श्रीकृष्ण आते हैं, तो वह उनके सामने रोने-बिलखने लगती है। इस प्रकार सिर पटकती राधा को उसकी सखी एकान्त में ले जाकर समझाती हुई बोली—ओ मेरी नादान सखि ! अपनी पीड़ा को दूसरों के सामने प्रकट करने से जगहंसाई के अतिरिक्त और क्या मिलता है! क्या सुनने वाले किसी की पीड़ा को हर लेते हैं? कदापि नहीं, सामान्यतः तो सुनने वाले उपेक्षा करते हैं और अप्रकट अथवा प्रकट रूप में हंसते हैं। यदि सचमुच कोई सहृदय सज्जन मिल भी जाये, तो वह कोरी सहानुभूति दिखाने के अतिरिक्त और क्या कर पाता है। यही कारण है कि बुद्धिमानों ने मन की व्यथा को मन में ही छिपाकर रखने का सुझाव दिया है।

राधे ! तुम इस समय व्याकुल होकर जिस प्रकार रो रही हो, बिलख रही हो, उसे सुन-देखकर तुम्हारी सभी युवती सखियां तुम्हारे इस व्यवहार पर मन-ही-मन हंस रही हैं। अपने को दूसरों के उपहास का पात्र बनाने में कौन-सी बुद्धिमत्ता है? उचित तो यह है कि मित्रता का दम्भ भरने वाले शत्रुओं के समक्ष इस प्रकार व्यवहार करना चाहिए, जिससे कि उनका मन ईर्ष्या से जल उठे। तुम्हारे लिए यह तभी सम्भव है जब तुम अपने मान और हठ को छोड़कर श्रीकृष्ण को अपना लो। इससे एक तो तुम्हारी विरह-वेदना दूर होगी, दूसरे, तुम संयोग-सुख से पुलकित होकर अपने जीवन को धन्य मानोगी, तीसरे, तुम्हें रोने-बिलखने से मुक्ति मिलेगी और चौथे, तुम दूसरों की हंसी और उनके व्यंग्य का पात्र नहीं

बनोगी। अब तुम स्वयं ही सोच लो कि मेरे कथन में कितना तत्त्व है और तुम्हारे लिए क्या करना उचित है?

मृदुनलिनीदलशीतलशयने।
हरिमवलोकय सफले नयने।।
माधवे मा कुरु मानिनि मानमये।। 5।।

श्रीकृष्ण से अपने को ठगी गयी मानती और सारी रात उनकी प्रतीक्षा में तड़पाने वाले तथा प्रभात में आकर मनुहार करने वाले श्रीकृष्ण पर किसी अन्य गोपी के साथ रात बिताने के विश्वास से खीझती हुई राधा जब श्रीकृष्ण की उपस्थिति की उपेक्षा करती उनके द्वारा प्रस्तुत रति-विहार के प्रस्ताव को ठुकरा देती है, तो राधा की सखी उसे एकान्त में ले जाकर समझाती-बुझाती हुई कहती है—प्यारी सखि ! मान करने से पूर्व एक बार अपने हाथ से बनायी कोमल कमलपत्रों की शीतल एवं सुखद शैया पर लेटे कामातुर एवं रतिक्रिया के लिए मौन आमन्त्रण देते श्रीकृष्ण की ओर देखो तो सही। मुझे विश्वास है कि एक बार देखने पर उनके मादक रूप-सौन्दर्य के आकर्षण का और उनके चञ्चल एवं विशाल नयनों के सम्मोहन का संवरण करना तुम्हारे लिए किसी भी प्रकार सम्भव नहीं होगा। सत्य तो यह है कि मोहक मुद्रा में शैया पर लेटे श्रीकृष्ण को देखकर कोई भी उनकी अंकशायिनी बनने को उत्सुक हो उठेगी। अतः तुम्हारे लिए अपनी आंखों को चुराना अच्छा नहीं।

जनयसि मनसि किमिति गुरुखेदम्।
शृणु मम वचनमनीहितभेदम्।।
माधवे मा कुरु मानिनि मानमये।। 6।।

श्रीकृष्ण की चिरकाल तक प्रतीक्षा करने से निराश और खिन्न होने के अतिरिक्त अपने को प्रतारित (ठगी हुई) समझकर प्रातःकाल को आये श्रीकृष्ण के प्रणय-प्रस्ताव को ठुकराती राधा को एकान्त में ले जाकर उसे प्रबोधित करती हुई उसकी सखी बोली—राधे ! तुम अपने मन में क्यों इतनी अधिक कलपती और दुखी होती हो। मैं तुम्हारी शुभचिन्तक हूं, मुझ पर तुम विश्वास करो और जो मैं कहती हूं, उसे ध्यान से सुनो तथा उस पर आचरण करो। मुझ पर विश्वास करने से तुम्हारी किसी प्रकार की कोई हानि नहीं होगी।

हरिरुपयातु वदतु बहुमधुरम्।
किमिति करोषि हृदयमति विधुरम्।।
माधवे मा कुरु मानिनि मानमये।। 7।।

राधा को समझाती और सचेत करती हुई उसकी सखी बोली— प्रिय सखि !

रोना-चिल्लाना बहुत हो लिया और अपने को जितना दुखी करना था, तुमने कर लिया। इस ढंग से प्रियतम वश में नहीं होता, उलटे और दूर चला जाता है। अब तुम कामकला प्रवीण एवं चतुर स्त्री के समान कुछ ऐसे उपाय करो कि जिससे तुम्हारा प्रियतम श्रीकृष्ण तुम्हारी चाटुकारिता करते हुए तुम्हें अपने प्रणय का भागीदार बनाये।

टिप्पणी : कामशास्त्र में ऐसी अनेक क्रियाओं—रोते-रोते हंसना, मूर्च्छित होकर प्रियतम के ऊपर गिरने का अभिनय करना, प्रियतम को पीटने लगना और फिर उससे सहसा दूर हो जाना, प्रियतम के वस्त्रों को खींचना, प्रियतम के गले में हाथ डालना, उसके गुप्त अंगों को छूना और फिर प्रियतम को छोड़कर अपने भाग्य को कोसने लगना आदि-आदि—का वर्णन है, जिनसे प्रेमिका सहज में ही अपने प्रियतम की सहानुभूति को न केवल पा सकती है, अपितु उसे अपनी ओर खींचकर उससे अपना मनमाना करा भी सकती है।

राधा की सखी राधा को ऐसी ही कुछ क्रियाओं को करने का सुझाव देती है।

श्री जयदेव भणितमतिललितम्।
सुखयतु रसिकजनं हरिचरितम्।।
माधवे मा कुरु मानिनि मानमये।। 8।।

जयदेव कवि द्वारा रचित राधाजी की सखी द्वारा उन्हें (राधाजी को) प्रबोधित करने वाला तथा श्रीकृष्ण की लीला (चरित) से सम्बन्धित यह अति सुन्दर काव्य रसिक भक्तों को भगवत् कृपा का फलरूपी सच्चा आनन्द प्रदान करने वाला हो।

सखी द्वारा राधा का प्रबोधन : उपेक्षा अति अहितकर

स्निग्धे यत्सरुषासि यत्प्रणमति स्तब्धासि यद्रागिणि,
द्वेषस्थासि यदुन्मुखे विमुखतां यातासि तस्मिन्प्रिये।
तद्युक्तं विपरीतकारिणि तव श्रीखण्डचर्चाविषम्,
शीतांशुस्तपनो हिमं हुतवहः क्रीडामुदो यातनाः।। 1।।

श्रीकृष्ण द्वारा अपने को छली गयी मानती एवं समुपस्थित श्रीकृष्ण द्वारा की जा रही अनुनय-विनय की उपेक्षा करती राधा को समझाती हुई उसकी सखी कहती है—प्रिय सखि ! यदि तुम बहुत समय तक श्रीकृष्ण के प्रति इसी प्रकार से रोष-आक्रोश को पाले रहोगी, अनुराग से छलकते श्रीकृष्ण के व्यवहार—प्रणाम

एवं अनुनय-विनय—पर आश्चर्य प्रकट करती हुई भी उनकी उपेक्षा करती रहोगी, श्रीकृष्ण को बार-बार अपने सामने आने की चेष्टा करता देखकर भी उनके प्रति विपरीतता एवं विमुखता दिखाती रहोगी, अर्थात् अनुराग का उत्तर विराग में देती रहोगी, तो ज़रा सोचो कि अन्ततः इसका परिणाम क्या निकलेगा? तुम भली प्रकार जानती हो कि श्रीकृष्ण निराश एवं असफल होकर यहां से लौट जायेंगे और फिर तुम्हारे लिए इस समय विष के समान घातक बना चन्दन, सूर्य के समान दाहक बना चन्द्रमा, अग्नि के समान सन्तापकारक बनी हिम और क्लेश एवं पीड़ाकारक बना रतिविलास से अनुभवगम्य होने वाला हर्षोल्लास, ये सब के सब स्थायी रूप ग्रहण कर लेंगे। अपनी इस दुर्दशा के लिए तुम स्वयं ही उत्तरदायी होगी। अतः मेरा कहा मानो, श्रीकृष्ण से रूठना आदि छोड़कर उनसे समझौता कर लो और फिर इस प्रकार अपने वियोग के दुःख को संयोग के सुख में बदलकर जीवन के सच्चे आनन्द को प्राप्त करो।

अन्तर्मोहनमौलिघूर्णनचलन्मन्दारविस्रंसनः,
स्तब्धाकर्षणदृष्टिहर्षणमहामन्त्रः कुरङ्गीदृशाम्।
दृप्यद्दानवदूयमानदिविषद्दुर्वारदुःखापदां,
भ्रंशः कंसरिपोर्व्यपोहयतु वः श्रेयांसि वंशीरवः।। 2।।

इन्द्र के नन्दनवन में उत्पन्न होने वाले और श्रीकृष्ण द्वारा अपने मुकुट में लगाये जाने वाले तथा मृगनयनियों के अन्तःकरण को मुग्ध करने वाले पारिजात के पुष्पों के खिसकने से और अधिक मोहक लगने वाले, सिद्ध मन्त्र के समान अचेतन प्राणियों को भी देखने मात्र से अपनी ओर आकृष्ट करके अपने वश में करने वाले तथा उद्दण्ड दैत्यों से पीड़ित देवताओं के दुःसह दुःखों का शमन करने वाले, कंस के शत्रु (विनाशक) भगवान् श्रीकृष्ण की वंशी की ध्वनि भक्तों के कष्टों का निवारण करने वाली और उनका सब प्रकार से मंगल करने वाली हो।

जयदेव ने सामान्यतया श्रीकृष्ण के विलासी रूप का चित्रण किया है, वे रूपनिधान एवं सौन्दर्य शिरोमणि हैं। यहां तक कि—"कोटि मनोज लजावनहारे"—करोड़ों कामदेव इकट्ठे होकर उनके रूप-सौन्दर्य के पासंग भी नहीं हो सकते। इस प्रकार रूपराशि होने के साथ श्रीकृष्ण शक्ति के भी अजस्र स्रोत हैं। वे कंस, चाणूर, मुष्टिक, जरासन्ध तथा शिशुपाल जैसे प्रबल पराक्रमी दुष्टों का भी विनाश करने वाले हैं। इस प्रकार कवि ने श्रीकृष्ण के दुष्टदमन करने वाले रूप की भी उपेक्षा नहीं की। हां, यह बात अलग है कि मधुर भाव से श्रीकृष्ण की उपासना को महत्त्व देने के कारण कवि ने श्रीकृष्ण के रसिक रूप का चित्रण ही अधिक किया है।

।। मुग्धमुकुन्द नामक नवम सर्ग समाप्त ।।

दशम सर्ग

[चतुर चतुर्भुज नामक सर्ग]

अत्रान्तरे मसृणरोषवशामसीम-
निःश्वासनिःसहमुखीं समुपेत्य राधाम्।
सव्रीडमीक्षितसखीवदनां दिनान्ते,
सानन्दगद्गदमिदं हरिरित्युवाच।।1।।

राधा की सखी ने राधा को एकान्त में ले जाकर उसे श्रीकृष्ण से न रूठने के लिए भली प्रकार समझाया-बुझाया। राधा सखी के सुझाव से सहमत भी हो गयी, परन्तु सायंकाल को लौटने पर श्रीकृष्ण ने देखा कि उसका क्रोध अभी तक पूरी तरह से शान्त नहीं हुआ और वह अपने मुख से गरम-गरम और लम्बे-लम्बे सांस ले रही है तथा अपनी सखी की ओर देखने में लज्जा का अनुभव कर रही है। इस स्थिति को देखकर श्रीकृष्ण को लगा कि राधा अपने प्रियतम मुझ श्रीकृष्ण से संयोग को उत्सुक और उद्यत तो है, परन्तु मेरे द्वारा किये गये अपराध के कारण आगे बढ़ने में संकोच का अनुभव कर रही है। अतः उन्होंने स्वयं आगे बढ़कर और अपनी प्रेयसी राधा के अत्यन्त समीप आकर हंसते हुए उससे कहा।

श्रीकृष्ण द्वारा राधा की मनुहार

कवि ने श्रीकृष्ण द्वारा राधा को मनाने के मनोरम प्रयास का रोचक वर्णन निम्नोक्त दो अष्टपदियों में किया है।

वदसि यदि किञ्चिदपि दन्तरुचिकौमुदी हरति दरतिमिरमतिघोरम्।
स्फुरदधरसीधवे तव वदनचन्द्रमा रोचयति लोचनचकोरम्।।
प्रिये चारुशीले प्रिये चारुशीले मुञ्च मयि मानमनिदानम्।
सपदि मदनानलो दहति मम मानसं देहि मुखकमलमधुपानम्।।ध्रुवपद।।1।।

राधा के रूप-सौन्दर्य और उसके अंग-प्रत्यंग की मोहकता का वर्णन करने

के व्याज से उसकी चाटुकारिता करते हुए श्रीकृष्ण बोले— प्रिये ! जब तुम बोलने को मुंह खोलती हो, तो तुम्हारे मोती जैसे उज्ज्वल एवं चमकते दांतों की प्रभा मेरे भयरूपी घने अंधेरे को दूर कर देती है, अर्थात् तुम्हारे चमकीले दांत जहां मुझे तुमसे प्रेम करने के लिए आकृष्ट एवं उत्तेजित करते हैं, वहीं तुम्हारी मोहक हंसी मेरा संकोच दूर करके मुझे आगे बढ़ने को प्रोत्साहित भी करती है।

कोमल चित्त वाली राधे ! चन्द्रमा के समान शीतल, सौम्य और मोहक तुम्हारा मुख चकोरों के समान तुम्हारी ओर टकटकी लगाये मेरे नयनों को तुम्हारे अधरों का रसपान करने के लिए उत्तेजित एवं विमोहित कर रहा है।

उदार एवं मधुर स्वभाववाली राधे ! मेरे अपराध के लिए मुझे क्षमा करो और मुझ पर कृपा करो। इस समय मेरा चित्त काम-अग्नि से दहक रहा है, अर्थात् मैं रति-भोग के लिए अत्यन्त व्याकुल हो रहा हूं। अतः तुमसे अनुनय-विनय करता हूं कि मुझे तुम अपने मुखरूपी कमल का मधुपान (चुम्बन तथा अधर रसपान) करने की अनुमति देकर अपनी तथा मेरी कामपीड़ा को शान्त करने का अवसर दो।

इस प्रकार श्रीकृष्ण एक ओर राधा के रूप-सौन्दर्य की प्रशंसा करते हैं, तो दूसरी ओर अपनी उत्तेजना से परिचित कराते हुए उसे रतिविलास के लिए उद्यत करते हैं।

सत्यमेवासि यदि सुदति ! मयि कोपिनी देहि खरनखशरघातम्।
घटय भुजबन्धनं जनय रदखण्डनं येन वा भवति सुखजातम्।।
प्रिये चारुशीले प्रिये चारुशीले मुञ्च मयि मानमनिदानम्।
सपदि मदनानलो दहति मम मानसं देहि मुखकमलमधुपानम्।। 2।।

रुष्ट राधा को मनाते हुए श्रीकृष्ण कहते हैं—प्रिये ! तुम जानती हो कि किसी भी अपराधी के अपराध की गहराई के अनुपात से शासन द्वारा उसे ताड़न (पिटाई, बन्धन, कारावास तथा मृत्युदण्ड, फांसी आदि) जैसे दण्ड दिये जाते हैं। हे सुन्दर दांतों वाली राधे ! यदि तुम सचमुच मुझे दोषी समझती हो और मुझसे क्रुद्ध हो, तो फिर मुझे या तो अपने तीखे नाखूनरूपी बाणों से बींध डालो या फिर मुझे अपनी भुजाओं में बांध लो और या फिर अपने दांतों से नोच-नोचकर मुझे मार डालो, जिससे कि तुम्हारा क्रोध दूर हो सके और तुम्हारे मन की व्यथा शान्त हो सके।

श्रीकृष्ण के कथन का अभिप्राय यह है कि यदि उनका अपराध साधारण है, तो राधा को उनके शरीर पर नाखूनों से प्रहार करना चाहिए, यदि अपराध साधारण से कुछ अधिक है, तो राधा को उन्हें अपनी भुजाओंरूपी बेड़ियों से बांध

देना चाहिए और यदि अपराध गुरु-गम्भीर है, तो फिर दांतों से काटने का विषम दण्ड देना चाहिए। प्रत्येक स्थिति में राधा द्वारा श्रीकृष्ण को दण्डित करने का अधिकार तो है, परन्तु बहिष्कार किसी भी रूप में उचित नहीं। अतः श्रीकृष्ण के अपराधी होने पर भी राधा को उनके साथ रतिविहार में प्रवृत्त होने से इनकार नहीं करना चाहिए। दण्ड देने का सही उपाय रूठना नहीं है, अपितु रतिविलास में प्रवृत्त होकर निर्मम व्यवहार करना है। यह व्यवहार उपेक्षा से कहीं अधिक सार्थक दण्ड है।

इस प्रकार श्रीकृष्ण बड़े ही सुन्दर ढंग से राधा को अपने साथ रतिविलास में प्रवृत्त होने के लिए प्रेरित कर रहे हैं। वे उसे समझा रहे हैं कि श्रीकृष्ण के संग से अपने को विरत करना बुद्धिमत्तापूर्ण कार्य नहीं है। यह तो एक प्रकार से अपने को ही दण्डित करना है, जो नितान्त अन्यायपूर्ण एवं अनुचित होने से सर्वथा त्याज्य है।

त्वमसि मम भूषणं त्वमसि मम जीवनं त्वमसि मम भवजलधिरत्नम्।
भवतु भवतीह मयि सततमनुरोधिनी तत्र मम हृदयमतियत्नम्।।
प्रिये चारुशीले प्रिये चारुशीले मुञ्च मयि मानमनिदानम्।
सपदि मदनानलो दहति मम मानसं देहि मुखकमलमधुपानम्।। 3।।

मान करके बैठी राधा को प्रसन्न एवं अनुकूल बनाने के लिए उसकी चाटुकारिता करते हुए श्रीकृष्ण बोले—प्राणेश्वरि! प्रिये राधे! मेरे कथन को सत्य मानो, तुम्हीं मेरी विभूति (ऐश्वर्य) हो, तुम्हीं मेरा श्रृंगार (आभूषण) हो, तुम्हीं मेरे लिए इस संसार-सागर का सर्वोत्तम एवं अमूल्य रत्न ही नहीं, अपितु तुम्हीं मेरा सर्वस्व, यहां तक कि मेरा जीवन हो। अभिप्राय यह है कि तुम्हारे बिना तो मैं जीने की कल्पना भी नहीं कर सकता और तुम्हें प्रसन्न करने के लिए मैं कुछ भी कर सकता हूं तथा इस समय हृदय से इस प्रकार का यत्न कर भी रहा हूं। मेरी तुमसे यही प्रार्थना है कि अब अपने क्रोध को छोड़कर मुझ पर कृपा करो, मेरे अपराध के लिए मुझे क्षमा करते हुए रति-भोग में मेरा साथ देकर स्वयं आनन्दित होओ तथा मुझे भी आनन्दित होने का अवसर प्रदान करो।

नील नलिनाभमपि तन्वि! तव लोचनं धारयति कोकनदरूपम्।
कुसुमशर बाणभावेन यदि रञ्जयसि कृष्णमिदमेतदनुरूपम्।।
प्रिये चारुशीले प्रिये चारुशीले मुञ्च मयि मानमनिदानम्।
सपदि मदनानलो दहति मम मानसं देहि मुखकमलमधुपानम्।। 4।।

रुष्ट राधा को प्रसन्न करने के लिए उसकी चाटुकारिता करते हुए श्रीकृष्ण

बोले—पतले (Slim) और मोहक शरीर वाली राधे ! ज़रा देखो तो सही, तुमने मुझ पर क्रोध करने के कारण अपने काले-कजरारे एवं मादक नयनों को लाल कमल की शोभा वाला बना रखा है, अर्थात् तुम्हारे आकर्षक नेत्र क्रोध के कारण अरुण (लाल) हो जाने से किञ्चित् अनाकर्षक-से हो गये हैं। मुझे तो लगता है कि तुम्हारे नेत्रों के लाल होने का उद्देश्य ही यह है कि तुम अपने कामबाणों से मुझे बींधकर, घायल करके रक्त से लथपथ करना चाहती हो। यदि ऐसा है, तो मैं तुम्हारे क्रोध का स्वागत करता हूं, क्योंकि इससे मुझे लाभ ही होगा, मैं कृष्ण (श्याम-काला) से अरुण (लाल) हो जाऊंगा। दूसरे शब्दों में मेरी खिन्नता तथा उदासी हर्षोल्लास में बदल जायेगी। अतः मेरी प्रार्थना है कि तुम इसी प्रकार अपने कटाक्षों से मुझे रक्तिम (आह्लाद से पूर्ण) बनाती रहो, अर्थात् तुम्हारा क्रोध और क्रोध से लाल हुए तुम्हारे नेत्र मेरा उपकार ही कर रहे हैं।

स्फुरतु कुचकुम्भयोरुपरि मणिमञ्जरी रञ्जयतु तव हृदयदेशम्।
रसतु रसनापि तवघन-जघन-मण्डले घोषयतु मन्मथनिदेशम्।।
प्रिये चारुशीले प्रिये चारुशीले मुञ्च मयि मानमनिदानम्।
सपदि मदनानलो दहति मम मानसं देहि मुखकमलमधुपानम्।। 5।।

अपने व्यवहार से क्षुब्ध राधा को मनाने की चेष्टा करते हुए श्रीकृष्ण बोले—प्रिये ! अब क्रोध का परित्याग करो और कलश जैसे अपने उन्नत एवं विशाल स्तनों पर रत्नों की माला पहनो, ताकि तुम्हारे उज्ज्वल स्तनों पर झूलती वह माला तुम्हारे हृदयेश्वर (मुझ कृष्ण) को मोहित कर तुम्हारी ओर आकृष्ट करे तथा तुम्हारे आलिंगन के लिए विवश करे।

राधे ! मेरा कहना मानो और अपना शृंगार करो, अपनी कमर में करधनी को बांधो, ताकि उसमें लगे पतले-पतले घुंघुरुओं की मोहक ध्वनि मुझे काम-क्रीड़ा में आसक्त होने का निमन्त्रण देती हुई कानों को अतिप्रिय लगे और उस संगीत से मोहित मैं तुम्हें अपनी भुजाओं में बांध लूं।

स्थलकमलगञ्जनं मम हृदयरञ्जनं जनितरतिरङ्गपरभागम्।
भण मसृणवाणि करवाणि चरणद्वयं सरसलसदलक्तकरागम्।।
प्रिये चारुशीले प्रिये चारुशीले मुञ्च मयि मानमनिदानम्।
सपदि मदनानलो दहति मम मानसं देहि मुखकमलमधुपानम्।। 6।।

मानवती राधा को रिझाने की चेष्टा में उसकी चाटुकारिता करते हुए श्रीकृष्ण बोले—प्रिये ! यदि तुम्हारा क्रोध शान्त हुआ हो और तुमने मुझे क्षमा कर दिया हो, तो मैं स्थल पर उगे कमल की शोभा को भी तिरस्कृत करने वाले,

अर्थात् उससे भी कहीं अधिक कोमल, सुन्दर और मोहक, मुझ जैसे प्रेमी के हृदय को अपने वश में करके उसे विलक्षण आनन्द देने वाले तथा रतिविलास को सरस एवं रोचक बनाने में सहायक सिद्ध होने वाले (भोग-विलास के समय मुसकराती हुई स्त्रियां अपने साथी को उत्तेजित करने के लिए उसकी छाती में अपने चरणों से हलका प्रहार करती हैं, यह प्रहार पुरुष को आवेग से घर्षण करने का परोक्ष संकेत होता है। इसी प्रकार स्त्रियों के चरणों की काम-भोग में एक अपनी विशिष्ट भूमिका होती है।) तुम्हारे दोनों चरणों के तलवों में अपने हाथों से महावर का गीला लेप लगाकर उन्हें रक्तकमल के समान सुशोभित कर दूं। हे मृदुभाषिणि राधे ! क्या तुम मुझे अपने चरणों के प्रसाधन की अनुमति देती हो?

श्रीकृष्ण द्वारा पूछने का अभिप्राय यह है कि कहीं ऐसा न हो कि श्रीकृष्ण द्वारा चरणों को छूने पर क्रुद्ध राधा उन पर प्रहार करने लगे और अनाप-शनाप बकने लग जाये।

स्मरगरलखण्डनं मम शिरसिमण्डनं देहि पदपल्लवमुदारम्।
ज्वलति मयि दारुणों मदन कदनानलो हरतु तदुपाहितविकारम्।।
प्रिये चारुशीले प्रिये चारुशीले मुञ्च मयि मानमनिदानम्।
सपदि मदनानलो दहति मम मानसं देहि मुखकमलमधुपानम्।। 7।।

अपने से बुरी तरह रुष्ट राधा की चाटुकारिता करके उसे अपने अनुकूल एवं रतिविलास की सहचरी बनाने की सफल चेष्टा करते हुए श्रीकृष्ण राधा से बोले—प्रियतमे ! यदि तुम मुझसे रुष्ट हो, तो भले ही कामवासना रूपी विष को शान्त करने वाले तथा कमल के नये पत्तों से भी अधिक कोमल अपने चरणों को मेरे सिर पर रख दो, अर्थात् अपने चरणों के प्रहार से मुझे भले ही प्रताड़ित कर लो, परन्तु रूठकर मुझसे अलग मत रहो। इस समय मुझे भीषण कामाग्नि बहुत बुरी तरह व्यथित कर रही है, अपना संग देकर उस ज्वाला के असह्य ताप से मेरी रक्षा करो। तुम्हारे चरणप्रहार से मुझे शान्ति मिलेगी और तुम्हारे क्रोध का परिहार हो जायेगा।

इति चटुलचाटुपटुचारुमुरवैरिणो राधिकामधिवचनजातम्।
जयति पद्मावतीरमणजयदेव कविभारतीभणितमिति गीतम्।।
प्रिये चारुशीले प्रिये चारुशीले मुञ्च मयि मानमनिदानम्।
सपदि मदनानलो दहति मम मानसं देहि मुखकमलमधुपानम्।। 8।।

पद्मावती के पति जयदेव कवि द्वारा गीत रूप में रचित तथा मानवती (रूठी) प्रेमिकाओं को गर्व, गौरव तथा आनन्दप्रद श्रीकृष्ण के मुख से राधा के

प्रति निवेदित अत्यन्त चातुरीपूर्ण तथा सच्चे प्रेम से ओत-प्रोत चाटुकारिता के वचन अपनी सरलता, मधुरता, स्निग्धता, रोचकता तथा विदग्धता की दृष्टि से सम्पूर्ण वाङ्मय में सर्वथा विरल, अनुपम एवं अद्वितीय हैं।

श्रीकृष्ण द्वारा राधा की चाटुकारिता

परिहर कृतातङ्के शङ्कां त्वया सततं घन-
स्तनजघनयाक्रान्ते स्वान्ते परानवकाशिनि।
विशति वितनोरन्यो धन्यो न कोऽपि ममान्तरं,
स्तनभरपरीरम्भारम्भे विधेहि विधेयताम्।। 1 ।।

रूठी राधा को प्रसन्न करने की चेष्टा करते हुए श्रीकृष्ण बोले— प्रियतमे ! निराधार भय और आशंका से अपने को व्यर्थ में व्याकुल और खिन्न मत करो। मेरे कथन पर विश्वास करो कि मेरे हृदय में केवल उन्नत स्तनों और भारी जघनों वाली तुम्हारे लिए ही स्थान है। मैं तुम्हें छोड़कर किसी भी अन्य महिला—भले ही वह कितनी ही अधिक शुभ लक्षणों वाली क्यों न हो—से रति-भोग की सोच ही नहीं सकता, क्योंकि तुम सदैव ही मेरे हृदय में समायी रहती हो और कोई दूसरी रमणी मुझे तुमसे अधिक सुन्दर और आकर्षक लग ही नहीं पाती।

मुझे विदित है कि तुम भी मेरे समान उद्दीप्त कामवासना से सन्तप्त हो रही हो। वस्तुतः तुम व्यर्थ में ही अपने को और मुझे गहन पीड़ा दे रही हो। तुम मुझ पर भरोसा करो और अपने अधीन एवं वश में समझो। अपने क्रोध तथा हठ को छोड़कर प्रेम तथा प्रसन्नतापूर्वक मेरा गाढ़ आलिंगन करके अपने को तथा मुझे सुखी बनाओ।

मुग्धे विधेहि मयि निर्दयदन्तदंशम्,
दोर्वल्लिबन्धनिबिडस्तनपीडनानि।
चण्डि ! त्वमेव मुदमञ्चय पञ्चबाण-
चाण्डालकाण्डदलनादसवः प्रयान्ति।। 2 ।।

श्रीकृष्ण मानवती राधा को मनाने की चेष्टा करते हुए उससे सम्बोधित होकर कहते हैं—प्रिये ! यदि तुम्हें मेरे निरपराध होने का विश्वास नहीं है, तो तुम निर्दयतापूर्वक मुझे अपने दांतों से काट डालो, मुझे अपनी भुजाओं में बांधकर अपने अत्यन्त कठोर और ऊपर उठे हुए (उत्तुंग) स्तनों से मसल डालो। इस प्रकार तुम मुझे जो भी दण्ड देना चाहो, शीघ्रता से दे दो, मैं स्वीकार करने को प्रस्तुत हूं।

हे मेरी भोली एवं क्रोध करने वाली प्रियतमे ! यदि तुमने अपने क्रोध को छोड़कर मुझे अपना स्पर्श-सुख न दिया, तो कठोर एवं क्रूर कामदेव मेरे प्राणों का हरण कर लेगा। इसका सारा दायित्व फिर तुम पर ही होगा और फिर तुम्हें मेरे जीवन के अन्त का दोषी होने के साथ-साथ विषय-भोग का सुख पाने के लिए हाथ मलते रहना पड़ेगा।

श्रीकृष्ण के कथन का अभिप्राय यह है कि वे इतने अधिक कामातुर हो चुके हैं कि यदि उन्हें रति-भोग का अवसर न मिला, तो सम्भव है कि उनके प्राणों का अन्त ही हो जाये। इस प्रकार एक ओर श्रीकृष्ण ने अपनी कामवासना के प्रचण्ड होने का संकेत दिया है, तो दूसरी ओर राधा को अपना व्यवहार बदलने की चेतावनी दी है। यहां उद्दीप्त कामवासना के प्रचण्ड होने पर राधा को रति-भोग से चरम सुख की अनुभूति होने का संकेत भी मिलता है।

शशिमुखि ! तव भाति भङ्गुरभ्रू-
र्युवजनमोहकरालकालसर्पी।
तदुदितभयभञ्जनाय यूनाम्,
त्वदधरसीधुसुधैव सिद्धमन्त्रः।। 3।।

रुष्ट एवं मानवती राधा को अपनी रति-भोग-संगिनी बनाने के लिए उसकी चाटुकारिता करते हुए श्रीकृष्ण बोले—चन्द्रमा जैसे उज्ज्वल, सौम्य और मोहक मुख वाली राधे ! जब तुम क्रोध के कारण अपनी भौंहों को तिरछा कर लेती हो, तो भयंकर काले सर्प की तरह दिखती तुम्हारी ये भौंहें युवकों के मन को अत्यन्त ही मोहित करती हैं। इस प्रकार क्रोध में भी तुम अत्यन्त सुन्दर और मोहक अवश्य लगती हो, परन्तु वास्तविकता यह है कि तुम्हारे इस रूप से सहमे और घबराये प्रेमियों के मन में छिपे भय और संकोच को दूर करने का एकमात्र सिद्ध मन्त्र तथा अमोघ औषध तुम्हारे अधर के सुधारस को पान का आमन्त्रण देना है। इस आमन्त्रण का संकेत मुसकराना है।

श्रीकृष्ण के कथन का अभिप्राय यह है कि जब तक राधा उन्हें अपने अधर का रस पिलाने के लिए आमन्त्रित नहीं करती, अर्थात् मुसकराती नहीं, तब तक उसका क्रुद्ध रूप मोहक होने पर भी उन्हें डराने वाला ही लगता रहेगा। वे राधा के साथ छेड़छाड़ का साहस नहीं जुटा पायेंगे।

व्यथयति वृथा मौनं तन्वि प्रपञ्चय पञ्चमम्,
तरुणि ! मधुरालापैस्तापं विनोदय दृष्टिभिः।
सुमुखि ! विमुखीभावं तावद्विमुञ्च न वञ्चय,
स्वयमतिशयस्निग्धो मुग्धे ! प्रियोऽहमुपस्थितः।। 4।।

अपने से रूठी, क्रुद्ध एवं वियोगसन्तप्त राधा को मनाते हुए श्रीकृष्ण कहते हैं—कोमल एवं सूक्ष्म शरीर वाली राधे ! तुम्हारा मौन मुझे व्यर्थ में परेशान कर रहा है। हे युवति ! तुम कृपा करके अपना मौन छोड़ो, कुछ मीठा-मीठा बोलो, अपने मधुर भाषण से मुझे आनन्दित करो तथा अपनी स्नेहपूर्ण दृष्टि से मेरे ताप को दूर करो और अपने कटाक्षों के विक्षेप से मेरा विनोद करो।

हे सुन्दर एवं मोहक मुख वाली राधे ! अपनी उलटी चाल को छोड़ो और मेरे प्रति उपेक्षा के भाव का परित्याग करो, मुझे व्यर्थ में न तड़पाओ और न ही सताओ।

भोली एवं अनजान राधे ! स्थिति की गम्भीरता को समझो। इस समय तुम्हारा अनन्य प्रेमी मैं श्रीकृष्ण स्वयं तुमसें प्रणय-याचना कर रहा हूं और यदि मुझे निराश करके तुमने मेरा हृदय दुखी कर दिया, तो इससे तुम्हें भी तो प्रणय-सुख से वञ्चित होना पड़ेगा। अतः बुद्धिमत्ता इसी में है कि हाथ में आये अवसर को मत गंवाओ। तुम क्रोध और मान को छोड़कर मेरे साथ विषय-भोग का आनन्द-लाभ करो।

बन्धूकद्युतिबान्धवोऽयमधरः स्निग्धो मधूकच्छवि-
गण्डश्चण्डि ! चकास्ति नीलनलिनश्रीमोचनं लोचनम्।
नासाभ्येति तिलप्रसूनपदवीं कुन्दाभदन्ति प्रिये !
प्रायस्त्वन्मुखसेवया विजयते विश्वं स पुष्पायुधः।। 5।।

रूठी राधा को मनाने की चेष्टा के अन्तर्गत उसकी चाटुकारिता करते हुए और उसके रूप-सौन्दर्य की मोहकता का वर्णन करते हुए श्रीकृष्ण बोले—अत्यन्त कोपवती राधे ! तुम अपने मादक सौन्दर्य को व्यर्थ क्यों कर रही हो। दोपहरिया (लाल रंग का एक पुष्प, जिसका दूसरा नाम बन्धूक है) पुष्प के समान लाल और चमकता हुआ तुम्हारा मोहक अधर, महुए के पुष्प के समान चिकने तुम्हारे गाल, नीले कमलों की कान्ति को भी फीका करने वाले तुम्हारे मतवाले नयन, तिल नामक पुष्प के समान तीखी तुम्हारी नासिका तथा कुन्द पुष्पों के समान उज्ज्वल तुम्हारे दांत किसी को भी अपने वश में करने में समर्थ हैं।

प्रिये ! कामदेव अपने जिन पांच बाणों—बन्धूक (दोपहरिया), महुआ, नीलोत्पल, तिल पुष्प और कुन्द—से विश्वविजय करता है, वे क्रमशः तुम्हारे अंग—अधर, कपोल, नयन, नासिका और दन्त—ही हैं, अर्थात् कामदेव तुम्हारे मुख का सहारा लेकर ही सारे विश्व के युवकों के चित्त को व्यथित करता है। मैं (श्रीकृष्ण) भी इसका अपवाद नहीं। तुम्हारे सुन्दर-मोहक अंग कामबाणों के समान मेरे चित्त को क्षुब्ध कर रहे हैं। अतः तुम मुझे अपना संयोग देकर मेरी

व्यथा को दूर करो।

दृशौ तव मदालसे वदनमिन्दुमत्यान्वितम्,
गतिर्जनमनोरमा विधुतरम्भमूरुद्वयम्।
रतिस्तव कलावती रुचिरचित्रलेखे भ्रुवा-
वहो विबुधयौवनं वहसि तन्वि ! पृथ्वीगता ।।6।।

रुष्ट राधा को प्रसन्न करने के लिए उसके रूप-सौन्दर्य की प्रशंसा एवं चाटुकारिता करते हुए श्रीकृष्ण कहते हैं—सुन्दरि राधे ! मद से भरे और अलसाये तुम्हारे नयन मुझे बड़े ही मोहक लगते हैं। तुम्हारा मुख चन्द्र के सौन्दर्य—शीतलत्व और सौम्यत्व—को भी पराजित करता है। तुम्हारी गति (चाल) अपनी मनोरमता से अत्यन्त प्रिय लगती है। तुम्हारी जंघाएं अपनी कोमलता में कदली (केला) के स्तम्भों को भी तिरस्कृत करती हैं। तुम्हारी सुन्दर भौंहें चित्र में खींची रेखाओं के समान मोहक, अर्थात् किसी कलाकार की कला का उत्कृष्ट नमूना हैं। इन सुन्दर अंगों के साथ-साथ तुम रतिकेलि में अत्यन्त दक्ष हो, तुम्हारी रतिकेलि कलात्मक रूप धारण कर लेती है।

सुरांगनाओं (अप्सराओं) जैसे अद्भुत सौन्दर्यपूर्ण अंगों को धारण करने वाली राधे ! तुम्हारा इस पृथ्वीलोक में होना सचमुच एक आश्चर्य का विषय ही है।

अभिप्राय यह है कि तुम जैसी सुन्दरियां स्वर्गलोक में ही मिलती हैं। इस पृथ्वीलोक में तो तुम अपवाद रूप ही हो।

प्रीतिं वस्तनुतां हरिः कुवलयापीडेन सार्धं रणे,
राधा पीनपयोधरस्मरणकृत्कुम्भेन सम्भेदवान्।
पत्रे बिभ्यति मीलति क्षणमपि क्षिप्रं तदालोकनाद्,
व्यामोहेन जितं जितं जितमिति व्यालोलकोलाहलः।।7।।

युद्ध में कुवलयापीड (कंस के मदोन्मत्त एवं बलवान् हाथी का नाम) के मस्तक का भेदन करते समय राधा के उन्नत स्तनों के मर्दन की सुखद अनुभूति (का स्मरण) करने वाले, भयंकर हाथी और उसके महावत की मृत्यु से कंस की पराजय एवं मृत्यु को सुनिश्चित करके आतंकपूर्ण कोलाहल का प्रसार करने वाले श्रीकृष्ण के चरणों में भक्तों (पाठकों) का अनुराग निरन्तर तथा उत्तरोत्तर बढ़ता रहे।

।। चतुर चतुर्भुज नामक दशम सर्ग समाप्त ।।

एकादश सर्ग

[सानन्द गोविन्द नामक सर्ग]

सुचिरमनुनयेन प्रीणयित्वा मृगाक्षीम्,
गतवति कृतवेषे केशवे कुञ्जशय्याम्।
रचितरुचिरभूषां दृष्टिमोषे प्रदोषे,
स्फुरति निरवसादां कापि राधां जगाद।। 1।।

इस प्रकार श्रीकृष्ण ने बहुत समय तक मृगनयनी राधा के रूप-सौन्दर्य की प्रशंसा करके, उसके विलक्षण गुणों का कीर्तन करके तथा अपने अनन्य एवं अगाध प्रेम के विश्वास दिलाने के रूप में उसकी चाटुकारितापूर्ण अनुनय-विनय करके उसे प्रसन्न कर लिया। इसके उपरान्त श्रीकृष्ण स्वयं सुन्दर एवं मोहक वेशभूषा को धारण करके कुञ्ज में निर्मित शैया की ओर चले गये। इधर श्रीकृष्ण के विनम्र व्यवहार से सन्तुष्ट तथा क्रोध और दुःख के मलिन भावों से मुक्त राधा को भली प्रकार एवं सुरुचिपूर्ण ढंग से सजा-धजा कर सायंकाल होने और अंधेरे के गहराने पर उसकी सखी उससे प्रेमपूर्वक बोली—

सखी द्वारा राधा को श्रीकृष्ण से मिलने का उद्‌बोधन

कवि ने सखी द्वारा राधा को श्रीकृष्ण के समीप जाने के उद्‌बोधन का वर्णन निम्नांकित अष्टपदी में इस प्रकार से किया है।

विरचितचाटुवचनरचनेन चरणरचितप्राणिपातम्।
सम्प्रति मञ्जुलवञ्जुलसीमनि केलिशयनमनुयातम्।
मुग्धे मधुमथनमनुगतमनुसर राधिके।। ध्रुवपद।। 1।।

राधा की सखी उसे प्रबोधित करती हुई बोली—हे मुग्धे (भोली-भाली, नासमझ) एवं मधुरभाषिणि राधे ! श्रीकृष्ण ने अनेक प्रकार के चाटुकारितापूर्ण वचनों को बोलकर तथा वार-वार तुम्हारे चरणों पर गिरकर तुम्हें पूर्ण सन्तुष्ट

कर दिया है। कोई प्रेमी इससे अधिक कुछ भी नहीं कर सकता। इस प्रकार श्रीकृष्ण ने अपने अपराध का तो पूरा-पूरा प्रायश्चित्त कर लिया है और उन्होंने इस समय लताकुञ्ज में जाकर अपने हाथों से कोमल पत्तों को बिछाकर तुम्हारे लिए रुचिकर सुखद शैया बनायी है और वे उस पर लेटकर तुम्हारी प्रतीक्षा कर रहे हैं। इसके अतिरिक्त स्पष्ट शब्दों में वे तुम्हें अपने संग रतिविलास का निमन्त्रण भी दे गये हैं। अतः इस समय तुम्हें मधु जैसे विकराल दैत्य के संहारक, अर्थात् प्रचण्ड पराक्रमी श्रीकृष्ण के समीप शीघ्र ही चले जाना चाहिए।

टिप्पणी : सखी द्वारा श्रीकृष्ण के लिए प्रयुक्त 'मधुरिपु' विशेषण अत्यन्त ही सटीक है। अभिप्राय यह है कि श्रीकृष्ण केवल सुन्दर और मोहक ही नहीं, अपितु बलवान् भी हैं। वे रति-भोग में पूर्ण तृप्ति और भरपूर आनन्द देने में समर्थ हैं। अतः राधा को सोच-विचार में अवसर को नहीं खोना चाहिए।

घनजघनस्तनभारभरे दरमन्थरचरणविहारम्।
मुखरितमणिमञ्जीरमुपेहि विधेहि मरालविकारम्।।
मुग्धे मधुमथनमनुगतमनुसर राधिके।।2।।

राधा की सखी राधा को श्रीकृष्ण के अनुरोध को गौरव देने का तथा उनके समीप जाकर अपने यौवन को धन्य करने का सुझाव देती हुई बोली—मेरी प्यारी सखि! निस्सन्देह तुम अपनी कोमल-सुन्दर जंघाओं तथा अपने उन्नत-भारी स्तनों से पुरुषों को मोहित करने वाली अवश्य हो, परन्तु तुम्हारे इन लुभाने वाले अंगों की सार्थकता भी तो तुम्हारे प्रियतम द्वारा उनके उपभोग में ही है। अतः तुम अपने चरणों में पहने रत्नजटित नूपुरों से संगीत उत्पन्न करती हुई और अपनी मन्द-मोहक गति से हंसों की गति को भी तिरस्कृत करती हुई धीमे-धीमे आगे पैर बढ़ाकर प्रतीक्षा में उत्सुक बैठे अपने प्रियतम के समीप जाकर अपने तथा उनके जीवन को धन्य बनाओ।

शृणु रमणीयतरं तरुणीजनमोहनमधुरिपुरावम्।
सुमनशरासनशासनवन्दिनि पिकनिकरे भजभावम्।।
मुग्धे मधुमथनमनुगतमनुसर राधिके।।3।।

राधा को यथाशीघ्र श्रीकृष्ण के समीप जाने को प्रेरित करती हुई उसकी सखी उससे बोली—श्रीकृष्ण (यहां भी श्रीकृष्ण के लिए 'मधुरिपु' विशेषण का प्रयोग किया गया है, जिसका स्पष्ट अभिप्राय सखी द्वारा बार-बार उन्हें पराक्रमी और तेजस्वी बताकर राधा के मन में उन्हें पाने की ललक जगाना है।) द्वारा बजायी जा रही तरुणियों के मन को मोहित करने वाली बांसुरी की ध्वनि को

सुनो और उसके सम्मोहन का अनुभव करो। कामदेव के शासन के सामने सिर झुकाने वाली, अर्थात् कामदेव की आज्ञा से वसन्त ऋतु के आने पर रसिक युवक-युवतियों के मन को विक्षुब्ध करने के लिए मधुर-मोहक स्वर से कूकने वाली कोयल के समान उनके समीप जाकर तुम अपनी मधुर वाणी से उनके साथ सम्भाषण करो तथा कामदेव के शासन को गौरव देती हुई रतिविलास में उनकी सहचरी बनो।

अभिप्राय यह है कि क्रोधावेश में तुम अपनी कामेच्छा को भले ही दबा लो, उसे प्रकट न होने दो, परन्तु सत्य यह है कि तुम्हारे हृदय में भी काम-भोग की इच्छा प्रचण्ड रूप से उद्दीप्त हो उठी है, उस इच्छा को दबाने की असफल चेष्टा न करना ही कामदेव के शासन को गौरव देना है।

अनिलतरलकिशलयनिकरेण करेण लतानिकुरम्बम्।
प्रेरणमिव करभोरु ! करोति गतिं प्रति मुञ्च विलम्बम्।।
मुग्धे मधुमथनमनुगतमनुसर राधिके।। 4।।

राधा को श्रीकृष्ण के पास जाने को प्रेरित करती हुई उसकी सखी बोली—हाथी के बालक की सूंड के समान कोमल जंघाओं वाली प्रिय सखि ! अपने क्रोध को छोड़कर थोड़ा प्रकृति का निरीक्षण करो। पवन द्वारा प्रेरित लताएं अपने पल्लवरूपी हाथों को हिलाकर तुम्हें श्रीकृष्ण के समीप जाने के लिए निमन्त्रण दे रही हैं, तुम इस निमन्त्रण को अनदेखा न करो, अपितु बिना विलम्ब किये अपने प्रियतम के पास जाकर अपने को तथा उन्हें कृतार्थ करो।

स्फुरितमनङ्गतरङ्गवशादिव सूचितहरिपरिरम्भम्।
पृच्छ मनोहरहारविमलजलधारममुं कुचकुम्भम्।
मुग्धे मधुमथनमनुगतमनुसर राधिके।। 5।।

क्रोध और कामेच्छा के हिंडोले में झूलती राधा को क्रोध का परिहार करने तथा रति-भोग की इच्छा को पूर्ण करने का सुझाव देती हुई उसकी सखी बोली—राधे ! यदि तुम्हें लताओं के हिलते पत्तेरूपी हाथों से निमन्त्रण का बोध नहीं होता, तो जाने दो, परन्तु कामदेव की लहर उठने के साथ विवश भाव से फड़फड़ाते एवं धड़कते हुए, प्रियतम श्रीकृष्ण के आलिंगन की उत्सुकता को सूचित करते हुए तथा लटकते हुए सुन्दर हार से जलधारा (अश्रु) के बहने का भ्रम उत्पन्न करते हुए कलश के समान स्थूल अपने स्तनों से ही पूछ लो कि क्या तुम्हारे भीतर काम की इच्छा प्रचण्ड रूप से उद्दीप्त नहीं हो रही है? यदि यह सत्य है, तो फिर अधिक समय तक रूठने का अभिनय करने की क्या आवश्यकता है? कहीं ऐसा

न हो कि तुम्हें अवसर से ही हाथ धोना पड़ जाये।

अधिगतमखिलसखीभिरिदं तव वपुरपि रतिरणसज्जम्।
सखि ! रणितरशनारवडिण्डिममभिसर सरससलज्जम्।।
मुग्धे मधुमथनमनुगतमनुसर राधिके।।6।।

राधा को समझाती हुई उसकी सखी बोली—रतिविलास के आनन्द के महत्त्व को समझने वाली मेरी चतुर एवं सुबोध सखि ! एक ओर बाह्य प्रकृति अपने ढंग से मनोरम वातावरण की सृष्टि द्वारा तुम्हें प्रियतम के पास गमन की प्रेरणा दे रही है, तो दूसरी ओर तुम्हारे दिल की धड़कन तुम्हारी उत्कण्ठा का संकेत दे रही है और तीसरी ओर अकेले मुझे ही नहीं, अपितु तुम्हारी सभी सखियों को यह स्पष्ट है कि तुमने रति-रण में जूझने के लिए ही उपयुक्त वेशभूषा धारण कर रखी है। फिर लज्जा के अभिनय की क्या आवश्यकता है? अपनी मोहक गति से कमर में धारण की गयी करधनी के घुंघुरुओं को ध्वनित करती हुई, अर्थात् श्रीकृष्ण को अपने स्वागत के लिए उद्यत होने का संकेत देती हुई शीघ्रता से प्रियतम के समीप जाओ और समय का सदुपयोग करो।

स्मरशरसुभगनखेन सखीमवलम्ब्य करेण सलीलम्।
चलवलयक्वणितैरवबोधय हरिमपि निजगतिशीलम्।।
मुग्धे मधुमथनमनुगतमनुसर राधिके।।7।।

राधा को हठ, मान तथा रोष को छोड़कर बिना विलम्ब किये अपने प्रियतम श्रीकृष्ण के पास चलने को प्रेरित करती हुई उसकी सखी बोली—हे सौभाग्यशाली राधे ! विभिन्न हाव-भावों का प्रदर्शन करती हुई तथा कामदेव के बाण के समान मोहक, सुन्दर, चमकीले एवं प्रभावी नाखूनों वाले अपने हाथ को सखी के हाथ में देकर, अर्थात् चलते हुए गिरने से बचने के लिए सखी को सहारा बनाकर और प्रियतम को अपने पांव में पड़ी पायल के घुंघरुओं की ध्वनि से अपने आगमन की सूचना देने के रूप में उन्हें अपने स्वागत के लिए उद्यत करती हुई शीघ्रता से चलना प्रारम्भ कर दो।

श्रीजयदेवभणितमधरीकृतहारमुदासितवामम्।
हरिविनिहितमनसामधितिष्ठतु कण्ठतटीमविरामम्।।
मुग्धे मधुमथनमनुगतमनुसर राधिके।।8।।

अपने माधुर्य एवं मोहन से मणियों की माला की चमक तथा आकर्षण को भी फीका बनाने वाले तथा युवतियों को अपने प्रेमीजनों के प्रति अत्यधिक उत्सुक बनाने वाले जयदेव कवि द्वारा रचित इस काव्य के माध्यम से राधा की सखी द्वारा

अष्टपदों में राधा को किया गया प्रबोधन, हरिभक्तों के कण्ठ में सदा निवास करे।

सखी द्वारा राधा को मान छोड़कर श्रीकृष्ण से मिलने की प्रेरणा

सा मां द्रक्ष्यति वक्ष्यति स्मरकथां प्रत्यङ्गमालिङ्गनैः,
प्रीतिं यास्यति रंस्यते सखि समागत्येति चिन्ताकुलः।
स त्वां पश्यति वेपते पुलकयत्यानन्दति स्विद्यति
प्रत्युद्गच्छति मूर्च्छति स्थिरतमःपुञ्जे निकुञ्जे प्रियः।। 1 ।।

राधा की सखी मानवती राधा को मान छोड़ने के लिए प्रबोधित करती हुई कहती है—प्रिय राधिके ! अत्यन्त घने अंधेरे से घिरे लताकुञ्ज में उत्सुकता एवं व्यग्रता से तुम्हारी प्रतीक्षा करते हुए तुम्हारे प्रियतम श्रीकृष्ण यह सोचकर पुलकित हो रहे हैं कि मेरी प्रियतमा (तुम राधा) मेरे पास आयेगी, मुझे प्रेम से देखेगी, मेरे अंग-प्रत्यंग का आलिंगन करके मुझे मधुर ढंग से काम-कथाएं सुनायेगी तथा रोमाञ्चित होकर मेरे साथ रतिविलास में प्रवृत्त होगी।

सुन्दरि ! इस प्रकार तुम्हारे ध्यान में खोये हुए श्रीकृष्ण अनेक प्रकार की कल्पनाओं से अपने को बहला रहे हैं, तुम्हें अपने समक्ष उपस्थित जानकर रोमाञ्चित हो रहे हैं और उन्मत्त के समान तुम्हें पुकारते हुए तुम्हें पाने के लिए इधर-उधर दृष्टि दौड़ा रहे हैं।

मानवती राधिके ! इस अवस्था को प्राप्त प्रियतम के पास न जाना, न केवल अन्याय है, अपितु दुर्भाग्यपूर्ण भी है। अतः तुम्हें सोच-विचार में समय न खोकर शीघ्र ही श्रीकृष्ण के पास पहुंच जाना चाहिए।

अक्ष्णोर्निक्षिप कज्जलं श्रवणयोस्तापिच्छगुच्छावलीं,
मूर्ध्नि श्यामसरोजदाम कुचयोः कस्तूरिकापत्रकम्।
धूर्तानामभिसारसत्वरहृदां विष्वङ् निकुञ्जे सखि !
ध्वान्तं नीलनिचोलचारुसुदृशां प्रत्यङ्गमालिङ्गति।। 2 ।।

राधा की सखी मानवती राधा को श्रीकृष्ण के पास अविलम्ब जाने के लिए प्रेरित करती हुई अवसर तथा समय के अनुरूप वेशभूषा एवं शृंगार करने का सुझाव देती हुई कहती है—प्रिय सखि ! इस समय रात हो चुकी है, चारों ओर अंधेरा फैलने लगा है। श्रीकृष्ण लताओं से घिरे जिस लताकुञ्ज में तुम्हारी प्रतीक्षा कर रहे हैं, वहां तो काले वस्त्र के समान गाढ़ा अन्धकार छाया हुआ है। अतः

उसे (राधा को) प्रियतम के पास संकेतित स्थल पर जाने के लिए चतुर नायिका जैसा आचरण—उपयुक्त शृंगार तथा तदनुरूप वेशभूषा धारण—करना चाहिए। कहने की आवश्यकता नहीं कि चतुर (धूर्त) नायिकाएं अपने प्रियतम के पास अभिसार (गुप्त मिलन) को गुप्त बनाये रखने के लिए प्रकाश के समय उजले और अन्धकारवेला में काले वस्त्र-आभूषण आदि धारण करती हैं। इससे वे दूसरों की दृष्टि का लक्ष्य बनने से बच जाती हैं। इसी सन्दर्भ में राधा की सखी राधा को सावधान करती हुई कहती है—हे शुभे ! अपनी आंखों में काजल लगा लो, कानों में मोर पंखों के गुच्छों को ठूंस लो, गले में और सिर पर नीले कमलों की माला धारण कर लो, अपने दोनों स्तनों पर कलात्मक ढंग से कस्तूरी का लेप लगा दो। इस वेशभूषा में प्रियतम के पास जाते हुए दूसरों की दृष्टि से बचना सरल हो जायेगा। राधे ! निकुञ्ज में तुम्हारे प्रियतम श्रीकृष्ण के शरीर के अंग-प्रत्यंग को भी अन्धकार ने ढक रखा है। इससे तुम्हारे कृष्ण वर्ण के शृंगार में जाने से दोनों एक-दूसरे से निश्शंक भाव से मिल सकोगे।

काश्मीरगौरवपुषामभिसारिकाणा-
माबद्धरेखमभितो मणिमञ्जरीभिः।
एतत्तमालदलनीलतमं तमिस्रम्,
तत्प्रेमहेमनिकषोपलतां तनोति।। 3।।

राधा की सखी मानवती राधा को रोष-आक्रोश को छोड़ने और उत्सुकता से उसकी प्रतीक्षा करते प्रियतम श्रीकृष्ण के पास यथाशीघ्र जाने को उद्यत करने के उपरान्त उसे गुप्त रूप से अभिसार करने की दृष्टि से कृष्ण वर्ण के वस्त्रों और आभूषणों को पहनने का सुझाव देकर सावधान करती हुई बोली—मेरी प्यारी सखि ! घने अन्धकार से घिरी इस रात्रि के समय कृष्ण वर्ण की वेशभूषा धारण करके लोगों की दृष्टि से बचना सम्भव तो है, परन्तु तुम्हारे लिए केसर जैसे गोरे और मोहक अपने तन को सर्वथा छिपाना सम्भव नहीं। फिर तुमने अपने गले में उज्ज्वल वर्ण और आभा वाले रत्नों, हीरों तथा मणियों की मालाएं धारण कर रखी हैं। ये सब तुम्हारे सौन्दर्य और आकर्षण को द्विगुणित कर रही हैं। अतः इन्हें उतारना भी ठीक नहीं।

इस प्रकार यद्यपि तमालपत्रों (काले रंग के तम्बाकू की बेल के पत्तों) से घिरे कुञ्ज में चारों ओर अन्धकार ही अन्धकार है, उसके अतिरिक्त तुमने अपने शरीर को काले वस्त्रों से ढक भी रखा होगा, फिर भी स्वर्ण की आभा (चमक) वाली अपनी देह के कारण तथा गले आदि में पहनी रत्नमालाओं के कारण तुम प्रयत्न करने पर भी छिप नहीं पाओगी। परन्तु इसका यह अर्थ नहीं कि इस भय

अथवा आशंका से विचलित होकर तुम प्रियतम के पास न जाकर घर पर ही बैठी रहो। वस्तुतः प्रेमरूपी स्वर्ण की परख यहीं तो होती है। जिस प्रकार कसौटी स्वर्ण की परीक्षा करती है, उसी प्रकार संकट भी प्रेम की परीक्षा करता है। ख़तरे की परवाह न करके अपने को संकट में डालने वाली ही सच्ची प्रेमिका कहलाती है। अतः तुम किसी भी ख़तरे की चिन्ता से आशंकित न होकर अपने प्रियतम के पास चली जाओ।

हारावलीतरलकाञ्चनकाञ्चिदाम-
केयूरकङ्कणमणिद्युतिदीपितस्य।
द्वारे निकुञ्जनिलयस्य हरिं निरीक्ष्य,
व्रीडावतीमथ सखी निजगाद राधाम्।। 4।।

अपनी सखी के समझाने-बुझाने पर जब राधा अपने प्रियतम श्रीकृष्ण से मिलन के लिए संकेतित-स्थल—लतागृह में पहुंची, तो उसके गौरवर्ण वाले शरीर पर पहनी हुई श्वेत वर्ण के चमकीले मोतियों की मालाओं, हाथों में पहने सोने के कंगनों, कमर में धारण की गयी चमकती हुई करधनी, कानों में पहने बुन्दों तथा शरीर के अन्य अंगों में पहने गहनों के अतिरिक्त लेपे चन्दन, नूपुरों में पड़ी मणियों की चमक से कुञ्ज का द्वार जगमगा उठा और उस प्रकाश में श्रीकृष्ण को देखते ही राधा लज्जित हो गयी। लज्जा और संकोच से हक्की-बक्की बनी और मौन खड़ी राधा को उसकी सखी प्रबोधित करने लगी।

श्रीकृष्ण के सामने लजाती राधा को सखी का प्रबोधन

कवि ने सखी द्वारा राधा के प्रबोधन को निम्नोक्त अष्टपदी में इस प्रकार से निबद्ध किया है।

मञ्जुतरकुञ्जतलकेलिसदने।
विलस रतिरभसहसितवदने।।
प्रविश राधे ! माधवसमीपमिह।। ध्रुवपद।। 1।।

राधा की सखी श्रीकृष्ण के रूप-सौन्दर्य पर मुग्ध होकर खड़ी राधा को प्रबोधित करती हुई बोली—प्रिय राधे ! श्रीकृष्ण के संग क्रीड़ा की तुम्हारी उमंग उत्कण्ठा की चरम सीमा को पहुंच गयी है, अर्थात् तुम प्रियतम के साथ रति-विहार के सुख-भोग की उत्सुकता से प्रतीक्षा कर रही हो। फिर यह संकोच,

यह मौन तथा यह किंकर्तव्यविमूढ़ता कैसी? इस समय तुम रतिविलास के लिए लताभवन में निर्मित क्रीड़ागृह में शीघ्रता से प्रविष्ट हो जाओ तथा प्रियतम के साथ रति-भोग का सुख लूटते हुए अपने जीवन को धन्य बनाओ।

नवभवदशोकदलशयनसारे।
विलस कुचकलशतरलहारे।।
प्रविश राधे ! माधवसमीपमिह।।2।।

लज्जा और संकोच के कारण किंकर्तव्यविमूढ़ बनी राधा को सचेत करती हुई उसकी सखी बोली—प्रिय सखि ! कलश के समान स्थूल एवं उन्नत तुम्हारे गोरे स्तनों पर झूलती मणिमाला तुम्हारे हृदय की बढ़ी हुई धड़कन को स्पष्ट सूचित कर रही है। श्रीकृष्ण ने तुम्हारे संग रति-भोग के लिए अपने हाथों से अशोक के नवीन तथा कोमल पत्तों की शैया सजा रखी है। तुम उस शैया पर लेटकर प्रियतम के साथ रति-भोग का सुख प्राप्त करो। इस समय तुम्हारे लिए लज्जा और संकोच करना हाथ में आये अवसर को गंवाना है। तुम ऐसी मूर्खता मत करो।

कुसुमचयरचितशुचिवासगेहे।
विलस कुसुमसुकुमारदेहे।।
प्रविश राधे ! माधवसमीपमिह।।3।।

राधा की सखी राधा को लज्जा और संकोच का परित्याग करने की प्रेरणा देती हुई बोली—राधे ! पुष्पों के समान कोमल शरीर वाली मेरी सखी के लिए श्रीकृष्ण ने शयनगृह में अपने हाथों से पुष्पों की शैया तैयार की है। अतः तुम्हें वहां किसी प्रकार का कष्ट नहीं होगा। तुम निश्चिन्त होकर शयनगृह में प्रवेश करो और अपने प्रियतम के संग आमोद-प्रमोद करो।

चलमलयपवनसुरभिशीते।
विलस रसवलितललितगीते।।
प्रविश राधे ! माधवसमीपमिह।।4।।

राधा की सखी कुञ्जवन में पहुंची राधा को आगे बढ़ने और प्रिय के समीप जाने को प्रोत्साहित करती हुई बोली—राधे ! तुम अपनी मधुर-मोहक वाणी से अपने प्रियतम को मुग्ध करके उन्हें अपने वश में करने में समर्थ हो। इस समय मलयगिरि से आते मन्द, शीतल और सुगन्धित वायु से सर्वथा सुखद बने प्रेम-भवन में प्रविष्ट होकर और अपने प्रियतम से हास-विलास करके अपने

जीवन को धन्य बनाओ। यह समय सोच-विचार में गंवाने का नहीं है।

विततबहुवल्लिनवपल्लवघने।
विलस चिरमिलितपीनजघने।।
प्रविश राधे ! माधवसमीपमिह।।5।।

कुञ्जगृह के द्वार पर सिमटकर खड़ी राधा को श्रीकृष्ण के समीप जाने को प्रेरित करती हुई उसकी सखी बोली—सुन्दर जघनों वाली राधे! अनेक प्रकार की लताओं से ढके होने से अत्यन्त सुरक्षित तथा सर्वथा उपयुक्त क्रीड़ागृह में प्रवेश करो तथा श्रीकृष्ण के संग रतिविलास करके 'कृष्ण-प्रेमिका' की दुर्लभ पदवी को प्राप्त करो।

मधुमुदितमधुपकुलकलितरावे।
विलस मदनरभसरसभावे।।
प्रविश राधे ! माधवसमीपमिह।।6।।

संकोच और लज्जा से सिमटी राधा के मन में आत्मविश्वास का सञ्चार करती हुई उसकी सखी बोली—सखि ! तुम काम-क्रीड़ा में अपने साथी को आनन्दित करने में कुशल हो, इस समय पुष्पों के रस का आस्वाद लेने से मदमस्त हुए और उल्लास से गुञ्जार करते एवं मंडराते भौंरों से मोहक बने लतामण्डप में प्रविष्ट होकर प्रियतम के साथ विलास करो।

मधुरतरपिकनिकरनिनदमुखरे।
विलस दशनरुचिरशिखरे।।
प्रविश राधे ! माधवसमीपमिह।।7।।

शालीनता की मूर्ति राधा को अवसर के अनुकूल आचरण करने के लिए प्रेरित करती हुई उसकी सखी बोली—सौभाग्यवती राधे ! श्रीकृष्ण द्वारा स्थल—लतामण्डप—का परिवेश तुम्हारे लिए उत्तेजक होने से रतिविलास के लिए बड़ा ही उपयुक्त बना हुआ है। तुम्हारी चमकीली दन्तपंक्ति जहां तुम्हारे प्रियतम को लुभाने वाली है, तुम्हारी वाणी उन्हें मदहोश करने वाली है, वहां क्रीड़ागृह में कूजन करती कोयलों की मधुर ध्वनि भी तुम्हें सुख देने वाली है। अतः तुम ऐसे सुरम्य एवं सुखद परिवेश वाले क्रीड़ागृह में प्रविष्ट होकर प्रियतम के संग रति-भोग करो।

टिप्पणी : कामशास्त्र में सुन्दर दन्तपंक्ति वाली रमणी को परम सौभाग्यवती माना जाता है, जिसका अर्थ है कि उसे न केवल रूप-गुण-सम्पन्न पति प्राप्त होता

है, अपितु उसका पति दीर्घायु, चिर यौवन सम्पन्न एवं बलिष्ठ (रति-भोग में आनन्द देने वाला) भी होता है।

विहित पद्मावतीसुखसमाजे।
कुरु मुरारे ! मङ्गलशतानि।।
भणितजयदेवकविराजराजे।।
प्रविश राधे ! माधवसमीपमिह।। 8।।

श्रीकृष्ण को सम्बोधित करता हुआ कवि कहता है— लीला पुरुषोत्तम ! मेरी आपसे प्रार्थना है कि अपने उत्तम आचरण से अपनी माता पद्मावती को सुख देने वाले कवि जयदेव द्वारा रचित इस काव्य (अष्टपदी) को अपनी स्तुति जानकर आप इससे प्रसन्न हों तथा अपनी कृपा के रूप में शत-शत मंगल कीजिये, अर्थात् मुझे सब प्रकार से सुख, आनन्द प्रदान कीजिये।

सखी द्वारा राधा को प्रबोधन

त्वां चित्तेन चिरं वहन्नयमतिश्रान्तो भृशं तापितः,
कन्दर्पेण च पातुमिच्छति सुधासम्बाधबिम्बाधरम्।
अस्याङ्कं तदलङ्कुरु क्षणमिह भ्रूक्षेपलक्ष्म्यास्तव,
क्रीते दास इवोपसेवितपदाम्भोजे कृतः सम्भ्रमः।। 1।।

राधा को प्रबोधित एवं आश्वस्त करती हुई उसकी सखी उससे बोली—राधे ! अपने चित्त में तुम्हारा ध्यान करते-करते तुम्हारे प्रियतम श्रीकृष्ण थक-से गये लगते हैं और इधर कामदेव ने भी उन्हें काफ़ी व्यथित कर रखा है। वे अमृतरस से भरे तथा कुन्दरु फल के समान लाल-लाल तुम्हारे अधरों का रस-पान करना चाहते हैं।

प्रिये ! तुम्हारे लिए अपने प्रियतम को इतना अधिक तड़पाना उचित नहीं। तुम उनकी सूनी गोद में क्षण-भर के लिए बैठकर उसे सुशोभित कर दो। विश्वास करो कि श्रीकृष्ण ख़रीदे हुए सेवक के समान तुम्हारी भौंहों के संकेत पर तुम्हारे चरणों की सेवा करने वाले हैं। अतः सोच-विचार में समय न गंवाकर निश्शंक भाव से क्रीडागृह में प्रवेश करो। यही उचित भी है और यही वाञ्छनीय भी है।

सा ससाध्वससानन्दं गोविन्दे लोललोचना।
सिञ्जाना मणिमञ्जीरं प्रविवेश निवेशनम्।। 2।।

अपनी विश्वस्त एवं शुभचिन्तक सखी द्वारा प्रबोधित की गयी चञ्चल एवं

मोहक नयनों वाली राधा भय (न जाने इतनी प्रतीक्षा कराने के लिए श्रीकृष्ण कैसा व्यवहार करें), लज्जा (स्त्रीसुलभ संकोच) तथा हर्ष (प्रियतम के संग संयोग की प्रसन्नता) के भावों को धारण करती हुई तथा अपने मञ्जीरों (पायल के घुंघरुओं) को ध्वनित (चलने से बजने के रूप में) करने से, मानो अपने आगमन की सूचना देती हुई लतागृह में प्रविष्ट हो गयी।

लतागृह में श्रीकृष्ण को पाकर उल्लसित राधा का वर्णन

कवि ने लतागृह में प्रविष्ट राधा द्वारा श्रीकृष्ण के दर्शन करने पर उसके आह्लादित होने का वर्णन निम्नोक्त अष्टपदी (आठ पदों) में किया है।

राधावदनविलोकनविकसितविविधविकारविभङ्गम्।
जलनिधिमिव विधुमण्डलदर्शनतरलिततुङ्गतरङ्गम्।।
हरिमेकरसं चिरमभिलषितविलासम्।
सा ददर्श गुरुहर्षवशंवदवदनमनङ्गनिवासम्।। ध्रुवपद ।। 1 ।।

राधा ने पूनम के चन्द्र के समान अपने हर्षोत्फुल्ल मुख को देखकर उछलती तरंगों वाले समुद्र के समान थिरकते आनन्दविभोर, विकसित तथा लम्बे समय से उस (राधा) के साथ रमण की संजोयी इच्छा की पूर्ति की निश्चितता से हर्षोन्मत्त, कामदेव के प्रत्यक्ष स्वरूप एवं विविध कलाओं का प्रदर्शन करने वाले श्रीकृष्ण के उज्ज्वल वदन के दर्शन किये।

अभिप्राय यह है कि जहां राधा के मुख पर श्रीकृष्ण के मिलन की प्रसन्नता स्पष्ट झलकती थी, वहां राधा को देखकर श्रीकृष्ण भी अपने मन की प्रसन्नता को समेट नहीं पा रहे थे।

टिप्पणी : पूनम के चन्द्रमा को देखकर समुद्र में ज्वार (लहरों का ऊपर उछलना-उठना)-भाटा (लहरों का फैलना, किनारे से बाहर गिरना) का आना एक प्राकृतिक क्रिया है। वहां राधा के मुख की पूनम के चन्द्र से और श्रीकृष्ण के मन की प्रसन्नता की समुद्र के तरंगित होने से तुलना की गयी है।

हारममलतरतारमुरसि दधतं परिरभ्य विदूरम्।
स्फुटतरफेनकदम्बकरम्बितमिव यमुनाजलपूरम्।।
हरिमेकरसं चिरमभिलषितविलासम्।
सा ददर्श गुरुहर्षवशंवदवदनमनङ्गनिवासम्।। 2 ।।

श्रीकृष्ण के पास पहुंची प्रसन्नवदन एवं रोमाञ्चित राधा ने देखा कि श्रीकृष्ण ने अपने गले में अत्यन्त श्वेत फेनराशि (झाग के ढेर) से मिले तथा प्रवाहशील

(बहते) यमुनाजल के समान अत्यन्त शुभ्र एवं देदीप्यमान मूंगा-मणियों का एक सुदीर्घ हार धारण कर रखा है।

अभिप्राय यह है कि श्रीकृष्ण प्रसन्न मुद्रा में हैं और उन्होंने अपने को भली प्रकार से अलंकृत कर रखा है। यह इस तथ्य का सूचक है कि वे मानसिक रूप से राधा को सम्मोहित करने को उत्सुक एवं उद्यत हैं।

श्यामल मृदुलकलेवरमण्डलमधिगतगौरदुकूलम्।
नीलमलिनमिव पीतपरागपटलभरवलयितमूलम्।।
हरिमेकरसं चिरमभिलषितविलासम्।
सा ददर्श गुरुहर्षवशंवदवदनमनङ्गनिवासम्।। 3 ।।

श्रीकृष्ण से मिलन के लिए आयी राधा ने देखा कि उसके प्रेमी श्रीकृष्ण ने नीलकमल के ऊपर (अथवा भीतर) विकसित होने वाले पीत वर्ण मकरन्द के समान अपने श्यामल शरीर पर पीले रंग के वस्त्र धारण कर रखे हैं, जिससे वे अत्यन्त सुन्दर एवं मोहक लग रहे हैं।

जिस प्रकार नीले कमल के ऊपर पीली पराग (रजकण) बड़ी मोहक लगती है, उसी प्रकार श्रीकृष्ण द्वारा अपने सांवले शरीर पर धारण किये पीले वस्त्र खूब जंच रहे थे।

तरलदृगञ्चलचलनमनोहरमदनजनितरतिरागम्।
स्फुटकमलोदरखेलितखञ्जनयुगमिव शरदि तडागम्।।
हरिमेकरसं चिरमभिलषितविलासम्।
सा ददर्श गुरुहर्षवशंवदवदनमनङ्गनिवासम्।। 4 ।।

श्रीकृष्ण के संग-विहार के लिए आयी राधा ने आकर देखा कि जिस प्रकार निर्मल जल वाले सरोवर में कमल के मध्य बैठे दो खञ्जन पक्षी बड़े ही आकर्षक लगते हैं, उसी प्रकार श्रीकृष्ण के शरीररूपी सरोवर में स्थित मुखरूपी कमल के भीतर दोनों चञ्चल नेत्र अनुरागवती रमणियों को निमन्त्रण देते तथा सम्मोहित करते प्रतीत होते थे।

वदनकमलपरिशीलनमीलितमिहिरसकुण्डलशोभम्।
स्मितरुचिरसमुल्लसिताधरपल्लवकृतरतिलोभम्।।
हरिमेकरसं चिरमभिलषितविलासम्।
सा ददर्श गुरुहर्षवशंवदवदनमनङ्गनिवासम्।। 5 ।।

श्रीकृष्ण के संग रतिविलास के लिए आयी राधा श्रीकृष्ण के मुख को टकटकी लगाकर देखने की अपनी उत्कट अभिलाषा पर नियन्त्रण न पा सकने के कारण

सूर्य के समान देदीप्यमान कुण्डलों से सुशोभित, प्रफुल्लित पल्लव के समान अत्यन्त सुकोमल तथा रमणियों को मोहित करने वाले अपने अधरों से मुसकराहट बिखेरते अपने प्रियतम के मुखकमल को निर्लज्ज भाव से इस प्रकार देखने लगी कि उसके नेत्र श्रीकृष्ण के मुख से हटाये नहीं हटते थे।

शशिकिरणच्छुरितोदरजलधरसुन्दरकुसुमसुकेशम्।
तिमिरोदितविधुमण्डलनिर्मलमलयजतिलकनिवेशम्।।
हरिमेकरसं चिरमभिलषितविलासम्।
सा ददर्श गुरुहर्षवशंवदवदनमनङ्गनिवासम्।। 6।।

श्रीकृष्ण के निमन्त्रण पर उनसे मिलने को आयी राधा ने देखा कि चन्द्रकिरणों से शोभायमान मेघों के समान श्रीकृष्ण का मुखमण्डल अपनी अनोखी छटा से मोहित कर रहा है। मनोहर एवं सुवासयुक्त पुष्पों के समान सुरम्य उनके केश अपने सौन्दर्य से सहज आकर्षण उत्पन्न कर रहे हैं। उनके श्यामल मस्तक पर लगा चन्दन का तिलक अन्धकार में उदित चन्द्रमा के समान अपूर्व कान्ति को बिखेर रहा है। इस प्रकार राधा को विश्वास हो गया कि श्रीकृष्ण ने रतिविलास के लिए सर्वथा उपयुक्त वेशभूषा धारण कर रखी है।

विपुलपुलकभरदन्तुरितं रतिकेलिकलाभिरधीरम्।
मणिगणकिरणसमूहसमुज्ज्वलभूषणसुभगशरीरम्।।
हरिमेकरसं चिरमभिलषितविलासम्।
सा ददर्श गुरुहर्षवशंवदवदनमनङ्गनिवासम्।। 7।।

श्रीकृष्ण के संग रति-भोग की इच्छा से आयी राधा ने देखा कि जहां श्रीकृष्ण के शरीर पर धारण किये गये मणिमय आभूषणों से उनकी काया जगमगा रही है, वहां अत्यन्त रोमाञ्चित तथा रति-कला के प्रदर्शन के लिए अधीर हो उठने के कारण उनके हृदय का स्पन्दन भी बढ़ गया है। इससे वे जहां अत्यन्त ही मोहक एवं मादक लग रहे हैं, वहां रतिविलास के लिए सन्नद्ध भी दिखाई देते हैं।

श्रीजयदेवभणितविभवेन द्विगुणीकृतभूषणभारम्।
प्रणमत हृदि विनिधाय हरिं भवजलसुकृतोदयसारम्।।
हरिमेकरसं चिरमभिलषितविलासम्।
सा ददर्श गुरुहर्षवशंवदवदनमनङ्गनिवासम्।। 8।।

सहृदय एवं रसिक भक्तों को सम्बोधित करते हुए कविप्रवर जयदेव कहते हैं—मेरी स्तुतिपरक इस कविता से दुगुने मोहक लगने वाले, कवि के अनुसार

श्रीकृष्ण यूं तो सचमुच ही सौन्दर्य के निधान, यहां तक कि कोटि-कोटि कामदेवों को भी अपनी सुषमा से लज्जित करने वाले हैं, परन्तु कवि का मानना है कि उसने अपनी वर्णनशक्ति से श्रीकृष्ण के सौन्दर्य को दुगुना कर दिया है तथा पुण्यों के उदय से तत्त्व रूप में जाने जा सकने वाले श्रीकृष्ण को अपने चित्त में धारण कीजिये और सत्यनिष्ठा से उन्हें प्रणाम कीजिये।

श्रीकृष्ण के दर्शन से राधा की तृप्ति का वर्णन

अतिक्रम्यापाङ्गं श्रवणपथपर्यन्तगमन-
प्रयासेनैवाक्ष्णोस्तरलतरतारं पतितयोः।
इदानीं राधायाः प्रियतमसमालोकसमये,
पपात स्वेदाम्बुप्रसर इव हर्षाश्रुनिकरः।। 1।।

राधा ने श्रीकृष्ण के दर्शन क्या किये, उनके अपूर्व सौन्दर्य से विस्मित उसके नेत्रों का प्रसार इतना अधिक हो गया कि वे प्रान्त भाग को छोड़कर कानों तक फैल गये। हर्ष के अतिरेक (अधिकता) के कारण नेत्रों के कानों तक फैलने के श्रम से राधा के नेत्रों से आनन्द के अश्रु बहने लगे। इस प्रकार राधा श्रीकृष्ण के सौन्दर्य को देखकर इतनी अधिक आश्चर्यचकित, विस्मय-विमुग्ध तथा रोमाञ्चित हो उठीं कि उसके नेत्रों से बरबस आनन्द के आंसुओं की धारा बह निकली।

भजन्त्यास्तल्पान्तं कृतकपटकण्डूतिपिहित-
स्मिते याते गेहाद्‌बहिरवहितालीपरिजने।
प्रियास्यं पश्यन्त्याः स्मरशरवशाकूतसुभगं,
सलज्जायाः लज्जा व्यगमदिव दूरं मृगदृशः।। 2।।

श्रीकृष्ण के मनोरम वदन को देखकर मृगी के चञ्चल नयनों के समान मोहक नयनों वाली राधा हर्षोत्फुल्ल होने से पहले तो अनायास मुसकराने लगी, परन्तु फिर वह अपने शरीर की खुजली को मिटाने के बहाने से सहसा गम्भीर हो गयी। सखियों ने राधा की मनोदशा और स्थिति की मार्मिकता को भांपकर बाहर जाने का निश्चय किया। अब लतागृह के सखियों से खाली हो जाने पर राधा शैया के समीप बढ़ गयी और कामविकार से अत्यन्त मोहक एवं मनोहर बने श्रीकृष्ण के मुख को टकटकी लगाकर देखने लगी। इस प्रकार एकान्त में राधा की लज्जा स्वतः ही निर्लज्ज होकर वहां से भाग खड़ी हुई।

अभिप्राय यह है कि सखियों की उपस्थिति में राधा अपनी सहज लज्जा का परित्याग करने में संकुचित हो रही थी, परन्तु अब एकान्त हो जाने पर उसे

अपने प्रियतम के मुख को निरन्तर देखने का अवसर सुलभ हो गया था। इसके अतिरिक्त श्रीकृष्ण के रूप-सौन्दर्य का मोहन और राधा के अनुराग का प्राचुर्य इतना प्रबल था कि श्रीकृष्ण के मुख को देखती हुई राधा अघा नहीं पा रही थी।

जयश्रीविन्यस्तैर्महित इव मन्दारकुसुमैः,
स्वयं सिन्दुरेण द्विपरणमुदा मुद्रित इव।
भुजापीडाक्रीडाहतकुवलयापीडकरिणः,
प्रकीर्णसृग्बिन्दुर्जयति भुजदण्डो मुरजितः।। 3।।

कंस के अत्यन्त शक्तिशाली एवं उन्मत्त कुवलयापीड नाम वाले हाथी का अपने भुजदण्ड से विनाश करने वाले, उस हाथी के द्वारा दिखाये रणकौशल से प्रसन्न होकर रक्त-बिन्दुओं को सिन्दूर मानकर उससे उसे रञ्जित (विभूषित) करने वाले तथा गज की रक्त-बिन्दुओं को ही देवपुष्प (पारिजात—रक्तवर्ण के कमल के पुष्प) मानकर उन्हें जयश्री के संकेत के रूप में अपने शरीर पर धारण करने वाले (मुर दैत्य के संहारक) भगवान् श्रीकृष्ण के वे भुजदण्ड (दण्डे के समान सुदृढ़ एवं शक्तिशाली भुजाएं) भक्तों का कल्याण करने वाले हों।

सौन्दर्यैकनिधेरनङ्गललनालावण्यलीलायुषो,
राधायाः हृदि पल्लवे मनसिजक्रीडैकरङ्गस्थले।
रम्योरोजयुगे हि खेलनरसित्वादात्मनः ख्यापयन्,
ध्यातुः मानसराजहंसनिभतां देयान्मुकुन्दो मुदम्।। 4।।

सौन्दर्य की सर्वोत्कृष्ट एवं एकमात्र निधि—कामदेव की पत्नी रति—की मनोहर लीलाओं को अत्यन्त सफलतापूर्वक निर्वाह करने वाली तथा कामदेव की ही क्रीड़ा की रंगस्थली बनी राधा के शुभ्र, मनोरम एवं उन्नत उरोजों (स्तनों) के साथ क्रीड़ा करने में कुशल रसिक के रूप में सुविख्यात एवं निष्ठापूर्वक ध्यान करने वाले भक्तों के मनरूपी मानसरोवर में राजहंस के समान निवास करने वाले भगवान् मुरारि भक्तों को आनन्द देने वाले हों।

टिप्पणी : यहां श्रीकृष्ण के लिए 'मुरारि' विशेषण का प्रयोग अत्यन्त सटीक है। कवि ने यहां इस तथ्य की ओर संकेत किया है कि श्रीकृष्ण केवल सुन्दर एवं रास-विलास में मग्न रहने वाले रसिक ही नहीं, अपितु वे दैत्यों के विनाश करने वाले समर्थ रक्षक भी हैं।

।। सानन्द गोविन्द नामक एकादश सर्ग समाप्त।।

द्वादश सर्ग

[सुप्रीत-पीताम्बर नामक सर्ग]

गतवति सखिवृन्देऽमन्दत्रपाभरनिर्भर-
स्मरशरवशाकूतस्फीतस्मितस्नपिताधराम्।
सरसमनसं दृष्ट्वा राधां मुहुर्नवपल्लव-
प्रसवशयने निक्षिप्ताक्षीमुवाच हरिः प्रियाम्।।1।।

राधा के संकेत को पाकर जब उसकी सखियां उसे श्रीकृष्ण के संग में अकेला छोड़कर लतामण्डप से बाहर चली गयीं, तो उस एकान्त में राधा अपने प्रियतम के मोहक रूप-सौन्दर्य के रस का जी-भरकर पान करने के मोह का संवरण न कर सकी, परन्तु फिर भी वह अपनी सहज लज्जा का पूर्णतः परित्याग न कर पाने से अपनी इच्छा पूरी न कर पायी। इस प्रकार सकुचाती-लजाती और कामवश होने के कारण अपने सरस होठों से कोमल एवं मधुर मुसकान को बिखेरती, कुछ कहने की चेष्टा में असफलता के कारण धरती की ओर ताकती-निहारती तथा कोमल पत्तों से सजी सुखद शय्या की ओर बार-बार देखने के व्याज से अपने प्रियतम से अपने को उधर ले चलने का संकेत करती हुई राधा से श्रीकृष्ण इस प्रकार बोले।

श्रीकृष्ण का राधा से प्रणय-निवेदन

कवि ने राधा के प्रति श्रीकृष्ण के कथन को अष्टपदी में इस प्रकार से निरूपित किया है—

किसलयशयनतले कुरु कामिनि चरणनलिनविनिवेशम्।
तव पदपल्लववैरिपराभवमिदमनुभवतु सुवेशम्।
क्षणमधुना नारायणमनुगतमनुसर मां राधिके।। ध्रुवपद ।।1।।

राधा की स्त्री-सुलभ एवं सहज लज्जा के निवारण के सफल प्रयास के

साथ-साथ उसे प्रसन्न करने के लिए उसकी चाटुकारिता करते हुए श्रीकृष्ण बोले—सुन्दरि ! कमल से भी कहीं अधिक सुकोमल अपने चरणों को नये कोमल पत्तों से बनी इस शैया पर रखो, जिससे कि तुम्हारे कोमल चरणों के स्पर्श को पाकर इन पत्तों का अपनी कोमलता का दर्प दलित हो जाये, इन्हें अपने पराभव का अनुभव एवं पराजय का ज्ञान हो जाये।

अपने कथन को आगे बढ़ाते हुए श्रीकृष्ण बोले—प्रिये ! इस समय हम दोनों एक-दूसरे के वश में हैं, अर्थात् दोनों एक-दूसरे के प्रति समर्पित होकर एक-दूसरे के स्पर्श-सुख के लिए उत्सुक एवं उद्यत हैं। अतः तुम इस मनःस्थिति में क्षण-भर के लिए मेरे अनुकूल हो जाओ, अर्थात् रतिविलास में मेरी सहयोगिनी बन जाओ, ताकि हम दोनों रति-भोग का भरपूर सुख प्राप्त कर सकें।

इस प्रकार श्रीकृष्ण एक ओर राधा के चरणों को नवीन पत्तों से अधिक कोमल बनाकर उसकी चाटुकारिता करते हैं और दूसरी ओर उससे अपने अनुकूल बनने का अनुरोध करते हैं।

करकमलेन करोमि चरणमहमागमितासि विदूरम्।
क्षणमुपकुरु शयनोपरि मामिव नूपुरमनुगतिशूरम्।।
क्षणमधुना नारायणमनुगतमनुसर मां राधिके।।2।।

कामातुर राधा से शय्या पर पैर रखने का अनुरोध करने के उपरान्त श्रीकृष्ण उससे बोले—प्रिये ! तुम बहुत दूर से आयी हो। अतः निश्चित रूप से थक गयी होगी। मैं अपने हाथों से तुम्हारे चरण और तुम्हारी जंघाएं दबाता हूं। इससे तुम्हारी थकावट दूर हो जायेगी। बस, तुम मेरी तरह तनिक अपने नूपुरों को उतारकर रख दो, ताकि हमारे विषय-भोग में इनके बजने से बाधा उत्पन्न न हो और फिर रस-भंग होने के लिए हम इन्हें दोष न दें।

अतः जिस प्रकार मैंने अपने नूपुर उतारकर इन्हें आदर दिया है, अर्थात् रस-प्राप्ति में दोषी बनने से उन्हें बचाया है, उसी प्रकार तुम भी अपने पैरों से नूपुरों को उतार दो, ताकि मैं निश्चिन्त होकर तुम्हारे चरणों का स्पर्श कर सकूं।

श्रीकृष्णजी के कथन का एक अभिप्राय तो यह है कि राधा के पैरों से नूपुरों के उतर जाने पर उन पैरों को छूने-दबाने से किसी प्रकार की ध्वनि न होने की निश्चिन्तता हो जायेगी और इस प्रकार गुप्त रति-क्रिया के प्रकट होने की आशंका भी दूर हो जायेगी। दूसरा अभिप्राय यह है कि राधा द्वारा नूपुर उतारने से रति-भोग में उसकी सहमति की जानकारी हो जायेगी।

वदनसुधानिधिगलितममृतमिव रचय वचनमनुकूलम्।
विरहमिवापनयामि पयोधररोधकमुरसि दुकूलम्।।
क्षणमधुना नारायणमनुगतमनुसर मां राधिके।।3।।

श्रीकृष्ण के स्पर्श-सुख के लिए उत्कण्ठित होकर लतागृह में आयी और एकान्त में जड़ बनकर खड़ी राधा की स्त्री-सुलभ लज्जा और संकोच के निवारण के प्रयास के अन्तर्गत राधा के रूप-सौन्दर्य की प्रशंसा के रूप में उसकी चाटुकारिता करते हुए श्रीकृष्ण बोले—मेरी प्यारी राधे! अपने चन्द्रमा जैसे सौम्य एवं मोहक मुख से अमृत जैसे मधुर वचन बोलो। मेरे कान तुम्हारे वचनों को सुनने के लिए आकुल हैं। अपनी चुप्पी तोड़ो। इस समय यहां मेरे और तुम्हारे सिवाय और दूसरा कोई नहीं है। अतः तुम्हें किसी प्रकार के संकोच करने तथा लजाने की कोई आवश्यकता नहीं है। मुझे अपने वचनों से तृप्त करो। लो, मैं तुम्हारे विरह की शान्ति के लिए तुम्हारे स्तनों पर पड़े और उन्हें ढकने वाले वस्त्र को हटाता हूं। तुम भी संकोच को छोड़कर कुछ बोलो और रतिविलास में मेरा साथ दो।

प्रियपरिरम्भणरभसवलितमिव पुलकितमन्यदुरापम्।
मदुरसिकुचकलशं विनिवेशय शोषय मनसिजतापम्।।
क्षणमधुना नारायणमनुगतमनुसर मां राधिके।।4।।

अपने संग रतिविलास में सहयोग देने के लिए राधा से अनुरोध करते हुए श्रीकृष्ण बोले—सुन्दरि! अन्यान्य रूपवती कामिनियों के लिए दुष्प्राप्य मुझे सामने पाकर और अपने प्रिय को (मुझे) आलिंगन के लिए उत्सुक पाकर रोमाञ्चित तथा उल्लसित तुम अपने कलश सदृश (भारी एवं उन्नत) स्तनों को—जिन पर से मैंने अभी-अभी वस्त्र हटा दिया है—मेरी छाती से सटा-चिपका दो, जिससे कि हम दोनों को विरह-व्यथा से मुक्ति मिले और फिर गहरा सुख और असीम शान्ति प्राप्त हो।

टिप्पणी : श्रीकृष्ण अपने को अन्य सुन्दरियों के लिए दुष्प्राप्य, अर्थात् दुर्लभ बताकर राधा के मन में अपने प्रति अनुराग को उद्दीप्त कर रहे हैं। वे उसे यह संकेत दे रहे हैं कि यह उसका सौभाग्य है कि उसे श्रीकृष्ण जैसा प्रियतम सुलभ हुआ है। मनोवैज्ञानिक दृष्टि से श्रीकृष्ण का यह कथन बड़ा ही सटीक एवं सार्थक है।

अधरसुधारसमुपनय भामिनि ! जीवय मृतमिव दासम्।
त्वयि विनिहितमनसं विरहानलदग्धवपुषमविलासम्।।
क्षणमधुना नारायणमनुगतमनुसर मां राधिके।।5।।

काम-कलाप्रवीण श्रीकृष्ण लतागृह के एकान्त में स्थित राधा को अपने अनुकूल एवं अपनी सक्रिय सहयोगिनी बनाने के लिए सफल प्रयास करते हुए बोले—मेरी प्यारी रानी ! विश्वास करो कि मैं हृदय से तुम पर अनुरक्त हूं और तुम्हारा सुखद स्पर्श न मिलने से विरह-ज्वाला में बुरी तरह जल रहा हूं। देवि ! तुम्हारे विलास-सुख की सुलभता के अभाव में मृतक तुल्य हो रहे मुझ दीन पर तुम दया करो और अपने अधरों का अमृतरस पिलाकर मुझे नवजीवन प्रदान करो।

सुन्दरि ! तुम्हारे द्वारा की गयी मेरी उपेक्षा का परिणाम घातक सिद्ध हो सकता है।

शशिमुखि ! मुखरय मणिरशनागुणमनुगुणकण्ठनिनादम्।
मम श्रुतियुगले पिकरवविकले शमय चिरादवसादम्।।
क्षणमधुना नारायणमनुगतमनुसर मां राधिके।। 6।।

लतागृह में एकान्त में स्थित राधा को अपने संग रतिविलास के लिए प्रेरित-प्रोत्साहित करते हुए श्रीकृष्ण बोले—भामिनि ! अब लज्जा संकोच को छोड़ो, मेरे संग रति-विलास में प्रवृत्त हो जाओ और अपनी मणिमय करधनी से (अपनी वाणी जैसी) मधुर ध्वनि निकालो। अभिप्राय यह है कि जब राधा श्रीकृष्ण के साथ रतिविलास करती हुई हिलेगी-डुलेगी, तभी उसकी करधनी के घुंघरू बज उठेंगे।

चन्द्रमा जैसे सुन्दर मुखवाली राधे ! कोयल के गीतों को सुनने से जागृत काम-भावना की आपूर्ति से व्यथित मेरे कानों को अपने मधुर वचनों से तथा करधनी के बजने की मधुर ध्वनि से शीघ्र सुखी बनाओ। मेरे लिए विरह-व्यथा असह्य हो रही है। अतः मुझे अधिक दुखी मत करो, अविलम्ब मेरे शरीर से अपने शरीर को सटाकर विलक्षण सुख का अनुभव करो और कराओ।

मामतिविफलरुषा विफलीकृतमवलोकितुमधुनेदम्।
मीलितलज्जितमिव नयनं तव विरम विसृज रतिखेदम्।।
क्षणमधुना नारायणमनुगतमनुसर मां राधिके।। 7।।

मानवती राधा को अपने प्रिय एवं मधुर वचनों से द्रवित करने की चेष्टा करते हुए श्रीकृष्ण बोले—प्रिये ! तुम्हारा रोष विफल नहीं हुआ, मैंने अपना अपराध स्वीकार कर लिया है और तुमसे बार-बार क्षमा-याचना कर रहा हूं, परन्तु आश्चर्य है कि तुम अपने हठ को छोड़ नहीं पा रही हो और मुझे देखने के लिए उत्सुक अपने नेत्रों को लज्जा की आड़ में निरर्थक उद्विग्न कर रही हो।

देवि ! खड़ी-खड़ी तुम थक गयी होगी, अब बैठ भी जाओ, ज़रा विश्राम कर लो। जब तुम शान्त, स्थिर और संयत मन से विचार करोगी, तो तुम्हारा मन मेरे पक्ष में ही निर्णय देगा। मेरा तुमसे अनुरोध है कि तुम मान को छोड़कर मेरे संग रतिविलास में प्रवृत्त हो जाओ। अपने रति-खेद को बढ़ाकर व्यर्थ में अपने को दुखी मत करो।

श्रीजयदेवभणितमिदमनुपदनिगदितमधुरिपुमोदम् ।
जनयतु रसिकजनेषु मनोरमरतिरसभावविनोदम् ।।
क्षणमधुना नारायणमनुगतमनुसर मां राधिके ।। 8 ।।

जयदेव कवि द्वारा रचित तथा पद-पद में, अर्थात् प्रत्येक शब्द-रूप एवं क्रिया-रूप में श्रीकृष्ण के हृदय के आनन्द का वर्णन करने वाला यह अष्टपदों वाला काव्य रसज्ञों (रस के महत्त्व को समझने वालों) के हृदय में रस-भाव की निष्पत्ति करने वाला सिद्ध हो।

राधा-श्रीकृष्ण की रति-क्रीड़ा का वर्णन

प्रत्यूहः पुलकाङ्कुरेण निविडाश्लेषे निमेषेण च,
क्रीडाकूतविलोकितेऽधरसुधापाने कथाकेलिभिः ।
आनन्दाधिगमेन मन्मथकलायुद्धेऽपि यस्मिन्नभू-
दुद्भूतः स तयोर्बभूव सुरतारम्भः प्रियं भावुकः ।। 1 ।।

श्रीकृष्ण के मधुर एवं चाटुकारितापूर्ण वचनों से अन्ततः राधा के द्रवित हो जाने पर दोनों—राधा तथा श्रीकृष्ण—को अपनी रुचिरता, रसमयता तथा मादकता से विह्वल करने वाली रति-क्रीड़ा प्रारम्भ हो गयी। उस समय दोनों के एक-दूसरे से प्रगाढ़ आलिंगन में बद्ध हो जाने पर दोनों को रोमाञ्चित होना भी अवाञ्छनीय लगता था। दोनों को एक-दूसरे का अधर-पान करते हुए बोलना—केलिकथा का कथन तक—भी कष्टदायक लगता था, क्योंकि इससे अधर रसपान में व्यवधान आ जाता था। इस प्रकार दोनों सुरत संग्राम में एक-दूसरे से जूझते हुए किसी अलौकिक आनन्द के सागर में डूब-उभर रहे थे।

दोर्भ्यां संयमितः पयोधरभरेणापीडितः पाणिजै-
राविद्धो दशनैः क्षताधरपुटः श्रोणीतटेनाहतः ।
हस्तेनानमितः कचेऽधरमधुस्यन्देन सम्मोहितः,
कान्तः कामपि तृप्तिमाप तदहो कामस्य वामा गतिः ।। 2 ।।

काम-क्रीड़ा की स्थिति भी आश्चर्यजनक रूप से बड़ी विचित्र है। लोक में सामान्य जीवन में जिन क्रियाओं से कष्ट होता है, काम-क्रीड़ा में वे ही चेष्टाएं, क्रियाएं एवं गतिविधियां चरम सुखदायक हो जाती हैं। इसी सिद्धान्त के अनुसार श्रीकृष्ण ने राधा द्वारा अपनी भुजाओं में छिपाये स्तनों से उसकी भुजाओं को हटाकर उनका खूब मर्दन किया। राधा के शरीर पर अपने शरीर का भार डालकर उसे अपने नीचे भली प्रकार मसला-दबाया, अपने नाखूनों से राधा के कोमल अंगों को गहराई तक कुरेदा, अपने दांतों से उसके अधरों, गालों तथा अन्य मनोरम अंगों को काटा, अपने हाथों से उसकी कमर पर धौल जमाया—ज़ोर-ज़ोर से थपथपी की —तथा अपने हाथों से उसके बालों को खींचते हुए और उसके मुख को कोमलता से थामते हुए, उसके अधरों को चूस-चूसकर उसे विह्वल बनाया।

इस प्रकार की कष्ट देने वाली विविध क्रियाओं द्वारा रति-क्रीड़ा करते हुए श्रीकृष्ण और राधा को एक अपूर्व, विलक्षण एवं अवर्णनीय आनन्द की प्राप्ति हुई।

माराङ्के रतिकेलिसङ्कलरणारम्भे तया साहस-
प्रायं कान्तजयाय किञ्चिदुपरि प्रारम्भि यत्सम्भ्रमात्।
निष्पन्दा जघनस्थली शिथिलता दोर्वल्लिरुत्कम्पितम्,
वक्षो मीलितमक्षि पौरुषरसः स्त्रीणां कुतः सिद्ध्यति ।। 3 ।।

राधा और श्रीकृष्ण के बीच जब रति-केलि अपने उत्कट रूप में युद्ध के स्तर पर प्रारम्भ हो गयी, तो राधा अपने प्रियतम श्रीकृष्ण को उत्तेजित करने तथा उन पर अपनी विजय अंकित करने के लिए साहस को अपनाती हुई कृष्ण के वक्षस्थल पर चढ़ गयी तथा चुम्बन, आलिंगन एवं मर्दन आदि मोहक चेष्टाओं के द्वारा जमकर रति-क्रीड़ा करने लगी, परन्तु शीघ्र ही उसकी जंघाएं स्तब्ध तथा गतिशून्य हो गयीं, बांहें शिथिल हो गयीं, छाती धड़कने लगी और आंखें मिचने लगीं। वस्तुतः शरीरविज्ञानियों का यह विश्लेषण सर्वथा सत्य ही है कि स्त्रियों में पौरुष—पुरुषों जैसा बल—होता ही नहीं। अतः उनका शीघ्र ही शिथिल हो जाना (थक जाना) स्वाभाविक ही है।

तस्याः पाटलपाणिजाङ्कितमुरो निद्राकषाये दृशौ,
निर्धूताऽधरशोणिमा विलुलितस्रस्तस्रजो मूर्द्धजाः।
काञ्चीदामदरश्लथां चलमिति प्रातर्निखातैर्दृशो-
रेभिः कामशरैस्तदद्भुतमहो पत्युर्मनः कीलितम्।। 4 ।।

रात्रि में कामचेष्टाओं से थकी राधा को तृप्त करने के उपरान्त

दोनों—श्रीकृष्ण और राधा—निद्रानिमग्न हो गये। प्रातःकाल जागने पर श्रीकृष्ण ने देखा कि राधा का वक्षःस्थल उनके नाखूनों के छेदने से निकले हलके रक्त से गुलाबी हो गया है, रात्रि में देर तक जागते रहने से राधा के नेत्र लाल हो गये हैं, उन (श्रीकृष्ण) के द्वारा देर तक चुम्बन करते रहने से राधा के अधर हलकी लालिमा सहित सफ़ेद-से हो गये हैं, केश बिखर गये हैं और उन पर लिपटी माला अलग-सी पड़ी है तथा कमर की करधनी ही नहीं खुली पड़ी, अपितु उसके समीप का वस्त्र भी हट गया है और राधा के शरीर का वह भाग उघड़ा (नंगा) पड़ा है।

राधा के शरीर के अंग-अंग की मोहकता को देखकर श्रीकृष्ण का चित्त कामबाणों से छिदने लगा, अर्थात् वे पुनः राधा के साथ रतिविलास करने के लिए अकुलाने-छटपटाने लगे।

त्वामप्राप्य मयि स्वयंवरपरां क्षीरोदतीरोदरे,
शङ्के सुन्दरि ! कालकूटमपिबन्मूढो मृडानीपतिः।
इत्थं पूर्वकथाभिरन्यमनसो विक्षिप्य वामाञ्चलम्,
राधायाः स्तनकोरकोपरिचलन्नेत्रो हरिः पातु वः।।5।।

रति-भोग के उपरान्त अपने मधुर आलाप से राधा को प्रसन्न करते हुए श्रीकृष्ण बोले—सुन्दरि ! मुझे लगता है कि हमारा एक-दूसरे से जन्म-जन्म का सम्बन्ध है। पिछले जन्म में जब मैं विष्णु था, तो तुम लक्ष्मी थीं। मेरा अनुमान ही नहीं, अपितु दृढ़विश्वास है कि क्षीरसागर के तट पर तुमने स्वयं मेरा वरण किया था। प्रिये ! तुम्हारे रूप और सौन्दर्य का आकर्षण और सम्मोहन बड़ा ही अद्भुत एवं मादक है। मुझे तो लगता है कि पार्वती रूप में तुम्हें न पा सकने की निराशा के कारण ही अपने जीवन को व्यर्थ मानते हुए शिव रूप में मैंने कालकूट विष पी लिया था।

इस प्रकार इधर-उधर के चाटुकारितापूर्ण एवं मनोरञ्जक वार्तालाप से राधा का ध्यान दूसरी ओर खींचते हुए श्रीकृष्ण ने उसके स्तनों पर पड़े अञ्चल को हटा दिया और फिर उसके सुन्दर, उन्नत तथा गोरे स्तनों के अग्रभाग को बड़े ही चाव से टकटकी लगाकर देखने लगे। ऐसे काम-कलाप्रवीण एवं चतुर शिरोमणि श्रीकृष्ण भक्तों के लिए सदा मंगलकारी हों।

व्यालोलः केशपाशस्तरलितमलकैः स्वेदलोलौ कपोलौ,
स्पष्टादष्टाधरश्रीः कुचकलशरुचा हारिता हारयष्टिः।
काञ्ची काञ्चिद्गताशां स्तनजघनपदं पाणिनाच्छाद्य सद्यः,
पश्यन्ती चात्मरूपं तदपि विलुलितं स्रग्धरेयं धुनोति।।6।।

सुरत-क्रीड़ा के उपरान्त निद्रानिमग्न राधा ने प्रातःकाल जागने पर देखा कि सुरत-युद्ध में उसका आकर्षक ढंग से बंधा हुआ जूड़ा खुल गया है, सजायी-संवारी लटें बिखर गयी हैं, गालों पर पसीने की बूंदे उभर आयी हैं, अधरों के चूसे जाने से उनका फीकापन स्पष्ट उजागर हो रहा है, कलशों जैसे भारी स्तनों को सजाने के लिए ढंग से पहनी मोतियों की माला बिखरी ही नहीं पड़ी है, अपितु स्तनों की शोभा के सामने निष्प्रभ भी हो रही है, कमर में बंधी करधनी एक ओर सिकुड़ी हुई पड़ी है।

प्रातःकाल अपनी इस दशा को देखकर मन में अवर्णनीय आनन्द से पुलकित राधा अपने हाथों से अपने उन्नत एवं भारी कुचों तथा कोमल जघनों को ढकने का और कुम्हलाये पुष्पों की माला को संभालने का असफल प्रयास करती तथा अपने रूप को निहारती हुई अपने प्रियतम श्रीकृष्ण को बड़ी ही मोहक एवं आनन्दकारिणी लगने लगी।

श्रीकृष्ण अपनी प्रियतमा राधा को उसके इस बिखरे रूप में देखकर आनन्दित हो उठे।

टिप्पणी : 'स्रग्धरेयम्' में कवि ने श्लेष अलंकार का प्रयोग किया है। एक अर्थ के साथ जहां दूसरा अर्थ चिपका रहे, अर्थात् शब्द के एक से अधिक अर्थ हों, वहां श्लेष अलंकार होता है। यहां 'स्रग्धरा' शब्द का एक अर्थ—माला धारण करने वाली है और दूसरा अर्थ एक छन्द है, अर्थात् स्रग्धरा छन्द का यही लक्षण है। इक्कीस वर्णों का वह छन्द जहां क्रमशः मगण (ऽऽऽ), रगण (ऽ।ऽ), भगण (ऽ।।), नगण (।।।), यगण (।ऽऽ), रगण (ऽ।ऽ) और नगण (।।।) आयें, स्रग्धरा कहलाता है।

ईषन्मीलितदृष्टिमुग्धहसितं सीत्कार धारावशा-
दव्यक्ताकुलकेलिकाकुविकसद्दन्तांशुधौताधरम्।
श्वासोत्कम्पिपयोधरोपरि परिष्वङ्गात्कुरङ्गीदृशो,
हर्षोत्कर्षविमुक्तनिःसहतनोर्धन्यो धयत्याननम्।। 7।।

रति क्रिया के समय श्वासोच्छ्वासों—लम्बे-लम्बे एवं गरम-गरम श्वासों—के कारण (रतिविलास में प्रवृत्त होने पर स्त्री-पुरुषों की श्वास-प्रक्रिया सामान्य की अपेक्षा कहीं अधिक तीव्र हो ही जाती है।) थोड़ा हिलते-डुलते कुचों के मर्दन करने तथा उनसे चिपकने के हर्षातिरेक के कारण शरीर के शिथिल होने से तथा नयनों के कुछ-कुछ मुंदने से मोहक बनी, होठों पर उभरी मन्द मुसकान से लुभाती, 'सी-सी' की ध्वनि से अपनी व्याकुलता और आनन्दातिरेक पर काबू पाने में असमर्थता दिखाती, अपने उज्ज्वल दांतों की प्रभा से मुख को कान्तिमान् बनाती

तथा प्रेमरस में आकण्ठ डूबी सुन्दरी राधा के अधररस को पीने का सौभाग्य प्राप्त किये श्रीकृष्ण अपने को धन्य अनुभव कर रहे थे। वस्तुतः किन्हीं सौभाग्यशाली पुण्यात्माओं को ही यह दुर्लभ संयोग प्राप्त होता है।

अथ सहसा सुप्रीतं सुरतान्ते सा नितान्तखिन्नाङ्गी।
राधा जगाद सादरमिदमानन्देन गोविन्दम्।। 8।।

रति-क्रीड़ा के सम्यक् सम्पन्न हो जाने के उपरान्त रति-क्रीड़ा के परिश्रम से टूटते अंगों वाली तथा अपने पूर्ण सहयोग से अपने प्रियतम को प्रसन्न करके उन्हें अपने अधीन बनाने वाली, स्वाधीनभर्तृका होने से मन में उल्लसित होती राधा आदर एवं आनन्द से परिपूर्ण वचनों द्वारा अपने कान्त को सम्बोधित करती हुई बोली।

टिप्पणी : अपने रूप-सौन्दर्य, पातिव्रत्य आदि गुण, सुरुचिपूर्ण व्यवहार तथा रतिक्रिया में आनन्द देने के कारण अपने पति को अपने वश में करने वाली नायिका 'स्वाधीनभर्तृका' कहलाती है।

रति-क्रीड़ा से तृप्त राधा का श्रीकृष्ण से अनुरोध

कवि ने राधा के कथन को निम्नोक्त अष्टपदी में इस प्रकार से अभिव्यक्ति दी है—

कुरु यदुनन्दन चन्दनशिशिरतरेण करेण पयोधरे।
मृगमदपत्रकमत्र मनोभवमङ्गलकलशसहोदरे।।
निजगाद सा यदुनन्दने क्रीडति हृदयानन्दने।। ध्रुवपद।। 1।।

अपने चित्त को प्रफुल्लित करने वाले श्रीकृष्ण के साथ क्रीड़ा करती हुई, अपने प्रियतम श्रीकृष्ण के गालों तथा अन्यान्य कोमल अंगों को छूती, थिरकती राधा उन्हें सम्बोधित करते हुए बोली—हे प्रियतम यदुनन्दन ! चन्दन से भी मुझे कहीं अधिक शीतल लगने वाले अपने हाथों से कामदेव के मंगल कलश बने मेरे स्तनों पर कस्तूरी का चित्रमय लेप लगाइये, अर्थात् उन पर सुन्दर छपाई कीजिये।

टिप्पणी : किसी भी मांगलिक कार्य—पुत्रोत्सव, विवाह तथा यज्ञ—आदि से सम्बद्ध अवसर—पर कलश स्थापित करने की प्रथा है। राधा ने काम-क्रीड़ा जैसे शुभ कार्यों में स्त्री के स्तनों को ही कामदेव द्वारा स्थापित कलश की संज्ञा दी है।

अलिकुलगञ्जन-सञ्जनकं रतिनायकसायकमोचने।
त्वदधरचुम्बनलम्बितकज्जलमुज्ज्वलय प्रियलोचने।।
निजगाद सा यदुनन्दने क्रीडति हृदयानन्दने।।2।।

सुरत-क्रीड़ा से प्रसन्न श्रीकृष्ण को सम्बोधित करती हुई राधा बोली—प्रियतम! कामबाणों को छोड़ने वाले मेरे नेत्रों को अपने अधरों से चूम-चूमकर भ्रमरों के झुण्ड के समान उनमें लगे घने कज्जल को बहाकर आपने मेरे गोरे गाल गंदले कर दिये हैं। अब आप मेरे अंगों पर लगे कज्जल को अपने पीत वस्त्र से पोंछकर उन्हें फिर से उज्ज्वल बना दीजिये।

यहां राधा ने श्रीकृष्ण के कर-स्पर्श को चन्दन से भी अधिक शीतल बताया है, जिससे राधा का संकेत जहां चन्दन लगवाना है, वहां उससे भी कहीं अधिक उसे प्रियतम के हाथों से अपने कुचों का स्पर्श-सुख पाना अभीष्ट प्रतीत होता है। इस प्रकार राधा एक ओर श्रीकृष्ण से चाकरी करा रही है और दूसरी ओर उन्हें अपने अंगों के स्पर्श का आमन्त्रण देकर उनके मन में प्रसन्नता का सञ्चार कर रही है।

नयनकुरङ्गतरङ्गविलासनिरोधकरे श्रुतिमण्डले।
मनसिजपाशविलासधरे शुभवंशे निवेशय कुण्डले।।
निजगाद सा यदुनन्दने क्रीडति हृदयानन्दने।।3।।

रति-भोग के उपरान्त हर्षोत्फुल्ल एवं अपने वशंवद (अधीन) बने श्रीकृष्ण को सम्बोधित करती हुई राधा बोली—प्रिय कान्त ! मेरे नयनरूपी मृगों के विलास पर नियन्त्रण करने वाले, अर्थात् मेरे नयनों के प्रसार-विस्तार को सीमित करने वाले मेरे कानों के साथ की गयी आपकी उछल-कूद से काम-युद्ध में खिसककर नीचे गिरे कामदेव के पाश सदृश मोहक मेरे कुण्डलों को मेरे कानों में फिर से सजाओ, अर्थात् फिर से मुझे अपने हाथों के स्पर्श के सुख की अनुभूति कराओ।

भ्रमरचयं रचयन्तमुपरि रुचिरं रुचिरं मम सम्मुखे।
जितकमले विमले परिकर्मय नर्मजने कमलकं मुखे।।
निजगाद सा यदुनन्दने क्रीडति हृदयानन्दने।।4।।

सुरत-विलास के उपरान्त प्रसन्न एवं अपने वश में हुए श्रीकृष्ण पर शासन करती हुई राधा बोली—मनोहर वेश धारण करने वाले मेरे प्रियतम! मोहकता एवं सुन्दरता में कमल को भी पराजित करने वाले मेरे अत्यन्त शुभ्र एवं आकर्षक मुख पर बिखरे भ्रमर समूह के समान काले-कजरारे एवं कामोद्दीपक मेरे केशों को अपने हाथों से संवारकर बांधिये।

मृगमदरसवलितं ललितं कुरु तिलकमलिकरजनीकरे।
विहितकलङ्ककलं कमलानन विश्रमितश्रमसीकरे।।
निजगाद सा यदुनन्दने क्रीडति हृदयानन्दने।। 5।।

रति-क्रीड़ा के उपरान्त उल्लसित राधा अपने प्रियतम श्रीकृष्ण को अपने मधुर आलापों से मुग्ध करती हुई आदेश के स्वर में बोली—कमल के समान सुन्दर-सुगन्धित मुख वाले मेरे मनमोहन! मेरे स्वेदबिन्दुओं से रहित हुए (सुरत-विलास में उत्पन्न स्वेदबिन्दुओं के सूख जाने पर) अर्धचन्द्र के आकार वाले मेरे मस्तक पर अपने हाथ से चन्द्रमा में कलंक के समान कस्तूरी का सुन्दर तिलक लगाइये और फिर मेरे निखरे सौन्दर्य का आनन्द लीजिये।

टिप्पणी : यहां राधा ने अपने मुख को पूर्णचन्द्र और माथे पर लगने वाली बिंदिया को चन्द्रमा में कलंक (काला चिह्न) बताया है।

इस प्रकार कवि ने यहां न केवल वर्णसाम्य का, अपितु प्रभावसाम्य का भी बड़ा सुन्दर निर्वाह किया है।

मम रुचिरे चिकुरे कुरु मानद मनसिजध्वजचामरे।
रतिगलिते ललिते कुसुमानि शिखण्डिशिखण्डकडामरे।।
निजगाद सा यदुनन्दने क्रीडति हृदयानन्दने।। 6।।

श्रीकृष्ण के साथ रतिविलास में अपने शिथिल हुए केश-विन्यास को पुनः व्यवस्थित करने का अनुरोध, अपने उल्लसित प्रियतम से करती हुई राधा बोली—मेरे मोहक सखा! आपके साथ रति-क्रीड़ा में ढीले होकर बिखर गये मोरपंख के समान मोहक तथा रसिक प्रेमियों को कामदेव की छाया एवं चमर के समान विह्वल करने वाले मेरे जूड़े को अपने हाथों से फिर से बांधकर उसमें पुष्प लगा दीजिये, ताकि आपको मैं और अधिक मोहक लग सकूं।

सरसघने जघने मम शम्बरदारणवारणकन्दरे।
मणिरशनावसनाभरणानि शुभाशय वासय सुन्दरे।।
निजगाद सा यदुनन्दने क्रीडति हृदयानन्दने।। 7।।

रतिविलास में श्रीकृष्ण द्वारा उथल-पुथल करने से अपने बिखरे हुए केश-विन्यास को व्यवस्थित करने का प्रियतम को आदेश देती हुई राधा बोली—प्राणनाथ! कामदेवरूपी मदमस्त हाथी के निवासस्थल—गुफा के समान गहरी नाभि वाली मेरी कमर—से खिसककर गिरे मेरे वस्त्रों, आभूषणों तथा रत्नजटित करधनी आदि को अपने हाथों से सुचारु ढंग से मुझे फिर से पहनाइये।

श्रीजयदेववचसि शुभदे हृदयं सदयं कुरु मण्डने।
हरिचरणस्मरणामृतनिर्मितकलिककलुषज्वरखण्डने।।
निजगाद सा यदुनन्दने क्रीडति हृदयानन्दने।। 8।।

अपने रसिक पाठकों को श्रद्धालु भक्त मानकर उन्हें सम्बोधित करता हुआ कवि कहता है—प्रेमालक्षणा भक्ति के उपासको! जयदेव कवि द्वारा रचित मधुर भाव के अष्टपदों वाले इस गीत के माध्यम से अपने अन्तःकरण को भावमय बनाइये तथा कलियुग के पापों को नाश करने वाले भगवान् श्रीकृष्ण के ध्यानरूपी अमृत के पान से अपना उद्धार कीजिये। इस गीत को मधुरा भक्ति का उत्कृष्ट रूप मानकर इसके माध्यम से श्रीकृष्ण के चरणों में अपने मन को निमग्न कीजिये तथा उनके प्रति उत्पन्न रति-भाव को सुदृढ़ कीजिये।

श्रीकृष्ण द्वारा तृप्त राधा की मनुहार का सम्मान

रचय कुचयोः पत्रं चित्रं कुरुष्व कपोलयो-
घटय जघने काञ्चीमञ्च स्रजा कबरीभरम्।
कलय वलयश्रेणीं पाणौ पदे कुरु नूपुरा-
विति निगदितः प्रीतः पीताम्बरोऽपि तथाकरोत्।। 1।।

रतिविलास के उपरान्त प्रसन्न राधा ने सन्तुष्ट एवं तृप्त हुए अपने प्रियतम श्रीकृष्ण से प्रेमपूर्वक जिस प्रकार जो-जो अनुरोध किया—दोनों स्तनों पर चन्दन से पत्र-रचना करना, गालों पर चित्ररचना करना, कमर में करधनी पहनाना, जूड़े में सुन्दर पुष्पों को गूंथना, हाथों में कंगन पहनाना तथा पैरों में नूपुर बांधना आदि—पीताम्बरधारी श्रीकृष्ण ने हर्षित होकर अपनी प्रियतमा के सभी स्नेहपूर्ण अनुरोधों को गौरव देते हुए उन आदेशों का निर्वाह करके राधा को पूर्ण सन्तुष्ट कर दिया।

पर्यङ्कीकृतनागनायकफणाश्रेणीमणीनां गणे,
संक्रान्तप्रतिबिम्बसङ्कलनया विभ्रद्वपुर्विक्रियाम्।
पादम्भोरुहधारिवारिधिसुतामक्ष्णां दिदृक्षुः शतैः,
कायव्यूहमिवाचरन्नुपचिताकूतो हरिः पातु वः।। 2।।

भगवान् विष्णु क्षीरसागर में शेषनाग को अपनी शैया अथवा पलंग बनाकर उस पर शयन करते हैं। शेषनाग के सिर में अनेक बहुमूल्य मणियां हैं, जिनमें भगवान् का स्वरूप प्रतिबिम्बित होता है। कवि की कल्पना है कि भगवान् अपनी

प्रियतमा लक्ष्मी को एक ही समय शत-सहस्र नेत्रों से देखने के लिए ही शेष को अपनी शैया बनाते हैं। विष्णुजी का लक्ष्मीजी के सौन्दर्य को निरन्तर देखते रहने पर भी न अघाने के कारण और उन्हें एक समय अनेक बार देखने के अवसर को सुलभ बनाने के लिए ही उन्होंने शेषनाग को शैया बनाया है। इस प्रकार विष्णु जी शेषनाग की मणियों में प्रतिबिम्बित लक्ष्मीजी की रूप-छटा के एक ही समय शत-शत नेत्रों से रस-पान का अवसर पा जाते हैं।

विष्णुजी ने श्रीकृष्ण के रूप में और लक्ष्मीजी ने राधा के रूप में अवतार ग्रहण किया। अब यहां इस अवतार में श्रीकृष्णजी को शेष शैया तो सुलभ नहीं है। अतः वे विविध चेष्टाओं से ही अपनी प्रियतमा राधा के दीर्घकाल तक संग को सुलभ कर अपनी काम-भावना की तृप्ति करते हैं।

कवि कामना करता है कि काम-भावनायुक्त, अर्थात् रसिक शिरोमणि एवं भक्तों को कृतकृत्य करने वाले भगवान् श्रीकृष्ण सभी लोगों का मंगल करें। सभी दम्पतियों को विषय-सुख-भोग का वरदान देकर कृतार्थ करें।

यद्गान्धर्वकलासु कौशलमनुध्यानं च यद्वैष्णवं,
यच्छृङ्गारविवेकतत्त्वरचनाकाव्येषु लीलायितम्।
तत्सर्वं जयदेवपण्डितकवेः कृष्णैकतानात्मनः,
सानन्दाः परिशोधयन्तु सुधियः श्रीगीतगोविन्दतः।। 3।।

कवि जयदेव का अपने ग्रन्थ 'गीतगोविन्द' के सम्बन्ध में गर्वोक्तिपूर्ण उद्घोष है कि शास्त्रीय ग्रन्थों में गान-विद्या, संगीत-कला तथा वाद्य-शिल्प आदि के विषय में जितना भी विवेचन-विश्लेषण उपलब्ध है, वैष्णव भक्तिपरक ग्रन्थों में भगवान् के ध्यान, चिन्तन तथा स्मरण आदि के जितने रूपों का विधान हुआ है, काव्यशास्त्र में मधुर (शृंगार) रस के जितने भेदोपभेदों का वर्णन तथा कवियों द्वारा उन भेदों पर विवेचन किया गया है, भगवान् श्रीकृष्ण को समर्पित तथा उनके भक्ति-भावपरक मेरे 'गीतगोविन्द' काव्य में रसिक पण्डितों को वह सब एक ही स्थान पर मिल जायेगा।

अभिप्राय यह है कि गीतगोविन्द काव्य में सभी उत्कृष्ट कलाओं का, शृंगार के भेदोपभेदों का तथा भक्ति के चरम विकसित रूप का एकत्र सुन्दर संगम है।

टिप्पणी : भारतीय चिन्तन में कवि और पण्डित भिन्न-भिन्न व्यक्ति माने गये हैं। कवि का क्षेत्र भावना है और पण्डित का क्षेत्र चिन्तन है। प्रथम में हृदय पक्ष प्रधान है, तो द्वितीय में बुद्धि पक्ष अथवा मस्तिष्क पक्ष प्रधान है। उक्ति प्रचलित है—

कविः करोति काव्यानि रसं जानाति पण्डितः।

कवि काव्य की रचना करता है और पण्डित उस रचना के मर्म (रस) की परीक्षा करता है। इस प्रकार एक स्रष्टा है, तो दूसरा परीक्षक है। परीक्षक रचना के गुण-दोषों की जांच करके उसका मूल्यांकन एवं स्थान निर्धारण करता है। कवि को रचनाकार होने से पिता और आलोचक को परीक्षक होने के नाते पति का स्थान देते हुए कहा गया है—

कन्याया अपि लावण्यं पतिर्जानाति न पिता।

प्रत्येक पिता अपनी लड़की के प्रति सहज स्नेह के कारण उसके गुण-दोष, सौन्दर्य आदि की ओर ध्यान नहीं देता, पिता को तो अपनी सन्तान स्वभाव से ही प्रिय होती है। उस प्रियता का आधार सन्तान के गुण नहीं होते, वहां तो आत्मीयता का भाव होता है, परन्तु किसी कन्या का वरण करने वाला तो उसके बाह्य सौन्दर्य तथा गुणों की कड़ी जांच करके ही निर्णय लेता है। यही स्थिति कला के क्षेत्र में है। प्रत्येक कवि अपनी कविता को विश्व की सर्वोत्कृष्ट एवं अनुपम रचना मानता है, परन्तु उसका सच्चा मूल्यांकन तो आलोचक ही करता है। इसी आलोचक को पण्डित कहा जाता है।

जयदेव अपने को एक ही श्वास में कवि और पण्डित घोषित करते हैं—जयदेवपण्डितकवेः—जिसका अर्थ है कि उनके अनुसार वे स्रष्टा कलाकार भी स्वयं हैं और कला के विवेचक एवं पारखी पण्डित (बुद्धिमान्) भी स्वयं ही हैं।

संस्कृत साहित्य में आत्मप्रशंसा की यह प्रवृत्ति नयी अथवा अप्रचलित तो नहीं है, पुनरपि प्रतिष्ठित भी नहीं है।

साध्वी माध्वीकचिन्ता न भवति भवतः शर्करे कर्कशासि,
द्राक्षे द्रक्ष्यन्ति के त्वाममृत मृतमसि क्षीर नीरं रसस्ते।
माकन्द! क्रन्द कान्ताधर धरणितलं गच्छ यच्छन्ति भावं,
यावच्छृङ्गारसारस्वतमिह जयदेवस्य विष्वग्वचांसि।। 4।।

विश्व में मधुर एवं स्वादिष्ट माने जाने वाले उपलब्ध सभी द्रव्यों और पदार्थों को अपने काव्य—गीतगोविन्द—के माधुर्य के सामने नीरस एवं फीका बताने की गर्वोक्ति करते हुए कविश्रेष्ठ जयदेव कहते हैं—

जब तक इस लोक में शृंगार रसमूलक 'गीतगोविन्द' काव्य स्थित है, तब तक रसिकों को किसी अन्य मधुर पदार्थ के सेवन की अपेक्षा नहीं रहेगी। अतः हे माध्वीक! तुम्हें अब चिन्ता करने की आवश्यकता नहीं कि तुम्हारे माधुर्य का मूल्यांकन कैसा होगा। अब तो तुम्हारा माधुर्य निरर्थक ही है, इसे कोई पूछेगा

भी नहीं। भला कौन मूर्ख 'गीतगोविन्द' के माधुर्य को छोड़कर माध्वीक के माधुर्य की अपेक्षा करेगा?

शक्कर (चीनी) को सम्बोधित करते हुए कवि कहता है—शर्करे! 'गीतगोविन्द' काव्य के माधुर्य के सामने तुम कर्कश (कठोर) हो। तुममें काव्यरस जैसी कोमलता कहां! द्राक्षा आदि अन्य मधुर फलों के सम्बन्ध में कवि का कथन है कि अब दाख (किशमिश) की ओर भला कौन देखेगा? किसे 'गीतगोविन्द' काव्य के माधुर्य के सामने दाख का मिठास रुचिकर लगेगा? कवि अपने कथन को आगे बढ़ाते हुए कहता है—अमृत तो इस काव्य के सामने मृत के समान है और दूध का स्वाद पानी के समान है। अब तो माकन्द—आम की जाति का एक अत्यन्त मधुर, रसीला और स्वादिष्ट फल—को भी अपने भाग्य पर रोना पड़ेगा, क्योंकि 'गीतगोविन्द' काव्य के माधुर्य के सामने उसके माधुर्य को भी कोई नहीं पूछेगा।

कवि को तो अपने काव्य के माधुर्य एवं उसकी मादकता पर इतना अधिक विश्वास एवं पूर्ण अभिमान है कि वह रूपवती नायिका (प्रेमिका) के अधर-रस को भी पाताल में चले जाने का सुझाव देता है। कवि को विश्वास है कि सच्चे रसिक 'गीतगोविन्द' काव्य के रस-पान को मोहक प्रेमिका के अधरों के मधुर रस-पान से भी कहीं अधिक महत्त्व एवं वैशिष्ट्य देंगे।

इस प्रकार कवि के अनुसार उसके काव्य का सौन्दर्य तथा सम्मोहन ऐसा रोचक, मधुर एवं मादक है कि विश्व का कोई भी मधुर पदार्थ—यहां तक कि अमृत और रमणी का अधर-मधु—भी उसकी तुलना नहीं कर सकते।

श्रीभोजदेवप्रभवस्य राधादेवीसुतश्रीजयदेवकस्य।
पराशरादिप्रियवर्गकण्ठे श्रीगीतगोविन्दकवित्वमस्तु।। 5।।

भोजदेव के वीर्य और राधादेवी के गर्भ से उत्पन्न जयदेव कवि की यह इच्छा है कि उसकी रचना 'गीतगोविन्द' काव्य को विद्वानों, भक्तों और काव्य-रसिकों के समाज में वही गौरव, सम्मान, आदर तथा प्रतिष्ठा प्राप्त हो, जो उनसे पूर्ववर्ती महर्षि पराशर, उनके पुत्र वेदव्यास तथा वाल्मीकि जैसे कवियों की रचनाओं को प्राप्त है।

कवि का अभिप्राय यह है कि 'गीतगोविन्द' काव्य भी वाल्मीकि कृत 'रामायण' तथा वेदव्यास रचित 'श्रीमद्‌भागवत पुराण' के समान धर्मग्रन्थ के रूप में प्रतिष्ठित हो, शास्त्र के रूप में इसे मान्यता प्राप्त हो, अर्थात् इसके पठन-पाठन से भी भक्तों को पुरुषार्थ चतुष्टय—धर्म, अर्थ, काम और मोक्ष—की प्राप्ति हो।

।। सुप्रीत-पीताम्बर नामक द्वादश सर्ग समाप्त।।